年轻手艺人

怀念 著

江蘇鳳凰教育出版社

2017 年度苏州市姑苏宣传文化人才工程　资助项目编号 YS2017012

怀念

研究馆员，中国作家协会会员，苏州市民间文艺家协会副主席兼秘书长，苏州市姑苏区作家协会主席。出版著作《古城之秋》《与谁共舞》《我心依旧》《水做的女人》《在阳光下微笑》《书边画边琴边》六部。

一九八六年二月 = 硕士 = 专业工艺美术 = 从艺十八年

一九九三年一月 = 大学本科 = 原专业艺术设计 = 从艺五年

一九八六年十月 ＝ 大学专科 ＝ 原专业数控编程与应用 ＝ 从艺九年

一九八五年八月 = 大学专科 = 原专业软装设计 = 从艺十二年

核雕 钟苑

一九八五年七月 ‖ 大学本科 ‖ 原专业自动化 ‖ 从艺十年

一九九三年八月 ‖ 大学本科 ‖ 原专业环境艺术 ‖ 从艺三年

工艺家具　谢瑜崑

一九八七年九月 ‖ 大学本科 ‖ 原专业计算机科学与技术 ‖ 从艺八年

一九八六年十二月 ‖ 大学专科 ‖ 原专业有机化工 ‖ 从艺十一年

折扇

蒋啸寅

一九八一年九月 = 硕士 = 原专业计算机 = 从艺五年

折扇　杜欣然

竹刻　潘昊

一九九五年七月 ‖ 大学本科 ‖ 原专业工商管理 ‖ 从艺四年

ADVANCE

一九九六年十二月 ‖ 大学本科 ‖ 原专业影像造型、中国画 ‖ 从艺三年

玉器　顾静峰

一九八一年八月 ‖ 大学专科 ‖ 原专业外贸 ‖ 从艺十六年

一九八六年八月 ‖ 初中 ‖ 从艺十八年

玉雕 叶青

一九八二年八月 = 职高、大专在读 = 原专业和田玉设计师（十多年） = 从艺五年

琥珀蜜蜡雕刻　黄兰英

一九八一年二月 ‖ 大学本科 ‖ 原专业新闻 ‖ 原职业编辑（十五年） ‖ 从艺十八年

一九八六年二月 ‖ 高中 ‖ 从艺十三年

金银细作　赖杭宇

一九八三年四月 ‖ 大学专科 ‖ 原专业外贸报关 ‖ 从艺二十余年

一九八六年四月 ‖ 硕士 ‖ 专业本科工商管理、研究生设计艺术学 ‖ 从艺六年

一九八五年一月 = 大学本科 = 原专业物流管理 = 从艺五年

款彩

陆曦

一九八四年十一月 = 大学本科 = 原专业雕塑 = 原职业游戏原画师 = 从艺六年

工艺手绘　陈健博

苏绣　张雪

一九八八年十二月 ‖ 艺术硕士 ‖ 原专业国际经贸 ‖ 从艺七年

一九八四年十一月 ‖ 大学专科 ‖ 原专业设计 ‖ 从艺十八年

苏绣 徐学清

一九九一年一月 ‖ 大学专科 ‖ 原专业计算机 ‖ 从艺三年

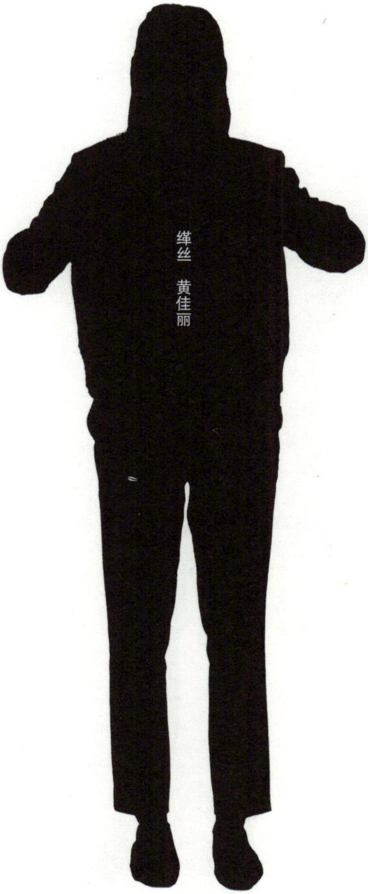

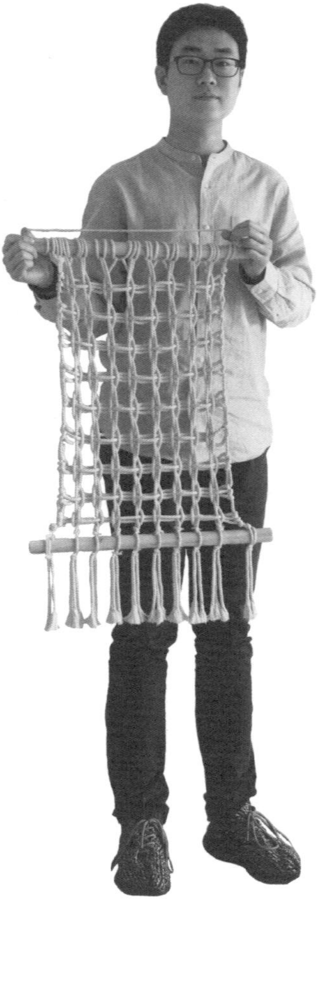

织罗 朱啸行

一九八六年七月 ‖ 硕士 ‖ 原专业电力系统自动化 ‖ 原职业电力工程师 ‖ 从艺两年

桃花坞木版年画　费俞

一九八八年七月 ‖ 大学专科 ‖ 原专业设计 ‖ 从艺九年

一九八九年十月 ‖ 大学本科 ‖ 原专业古典文献 ‖ 从艺九年

木活字印刷

吴亚东

一九八三年十一月 ‖ 初中 ‖ 从艺十年

一九九二年二月 = 大学专科 = 原专业数控编程 = 从艺两年

一九八六年二月 ‖ 大学本科 ‖ 原专业土木工程 ‖ 从艺十二年

旗袍　金毅

苏派鸟笼

孔亦铭

一九九一年四月 ‖ 大学本科 ‖ 原专业数学精算学方向 ‖ 从艺五年

序　完美的融合

范小青

《年轻手艺人》,这是怀念的新作品,洋洋十多万字,用纪实加抒情加议论的手法,写了一个特殊的人群:年轻手艺人。

所以,这是一本特殊的书。

说它特殊,是因为这里的两个关键词,它们组成的其实应该是两个世界,两个不同的世界。

手艺。

年轻。

就是这两个词。

先说手艺。

手艺是什么,或者说,说到手艺,我们会想到什么?

能工巧匠,精雕细刻,熟能生巧,炉火纯青,登峰造极,出神入化,鬼斧神工,游刃有余……还有许多许多。

这是手艺的境界。要想达到这样的境界,需要什么?

要有力,要有心,还要有时间。

定力,耐力,持续力……

细心,恒心,平常心……

这几乎都是安定的稳定的恒定的情状。

最重要和最关键的,要有时间,时间的积淀。有许多东西,只有时间能够证明,只有时间能够创造。

再说年轻。

年轻是什么，或者说，说到年轻，我们会想到什么？

活力，动力，创造力……

躁心，野心，冲动心……

这大多是跃动的，不安分的，不恒定的。

于是，我们不难看到，“手艺”的背后，和“年轻”的背后，有着不同的内容和要求，有着不一样的气息和状态。

但是现在，《年轻手艺人》来了，这本书将这两个似乎是不可调和的、无法融合的词，紧紧地连在一起，并且让它们交相辉映，相得益彰。

读过《年轻手艺人》，你服了，你就会觉得，原来，“手艺”和“年轻”是有关系的，是能够做到完全没有违和感的。

作者在这里向我们展示了一群年轻的手艺人，三十多位，“八〇后”“九〇后”，涉及二十多个手艺行当。这是一群了不起的值得书写的年轻人，因为他们以自己年轻的状态，用短短的时间，就已经达到了手艺的“高”境界，这是让人不得不服的。

从高难的核雕，到闲挂的鸟笼，从高贵的红木苏作，到雅俗共赏的刺绣和旗袍，还有日常的砚台，家用的铜炉，有观赏的年画，供奉的各种雕刻，等等等等，它们既有实用性，又极具收藏价值，既高高在上，又平易近人，充分展示着苏州民间工艺的丰富、繁多和精湛，处处呈现出年轻手艺人的努力、拼搏和神采。

我们看到，一方面，是年轻艺人的高超手艺、精湛作品、创新思维和全新路径，另一方面，是作者朴实而又精彩的文字和富有深情的表述，熠熠生辉。在这本书里，在这些纸上，这些年轻人生动鲜活，你读的时候，好像不是在读书，不是在读作品，好像就是直接在和他们面对面地交流、说话，零距离地感受他们的平常而又不平常的生活。

所谓的身临其境，所谓的感同身受，作者不俗的文字功夫在这里展示出了特殊的魅力。

《年轻手艺人》是一本有价值、有意义的书，它的价值和意义，在于它告诉我们，手艺的年轻人，已经接棒了，年轻的手艺人，已经从过去的手艺生活中，寻找到了它们在今天的延续、更新和发展。它还告诉我们，虽然时代不一样了，但是苏州人干事业的用心和精心，是从不曾变过的。

引子　我们不一样

2016年10月29日，首届传统工艺青年论坛在苏州隆重召开，主题为：传承 · 融合 · 再创造。作为“苏作文创峰会”的重要活动之一，旨在促进优秀非遗传承人，传统工艺批评、策划青年人才，优秀工艺设计创新青年人才等三类传统工艺创新人才的交流与合作。开幕式上，文化部副部长项兆伦发表的讲话最后一段提到：“由于生产生活方式的变迁，一部分以手工艺为主要生计来源的传统工艺项目传承人群，面临产品需求萎缩、收入不足以解决生计的困境，致使年轻人不愿学习和传承手工艺，传承后继乏人。这是必须正视的现实。努力实现传承非遗与改善生活、丰富生活的统一，提升年轻一代对非遗重要性的认识和参与积极性，从而不断增强非遗传承活力与后劲，不断弘扬中华优秀传统文化，是非遗工作的重要目标。”

2017年11月18日，苏作文创峰会在苏州再次开幕，下午再次举办传统工艺青年论坛，第二届论坛的主题是：振兴 · 联动 · 产业升级。

南京大学教授徐艺乙在首届论坛的主旨发言《传统工艺的保护与传承》最后一段话指出：“这个时代，是一个多元化的时代，我们不能指望以传统手工艺去改变一个国家的经济面貌。在过去的几十年中，传统手工艺曾经为国家的建设做出了巨大的贡献。由于各种原因，传统手工艺的行业变成了夕阳产业，在市场经济的冲击下关、停、并、转。但传统手工艺除了有其经济创造的价值以外，其在文化、在精神创造方面的功能和作用是独特的，在日益现代化的社会当中，传统手工艺能够平衡人们的情感。因为整齐划一的事物容易诱发人们在精神方面的缺憾，只有传统手工艺才能填补这样的缺陷。所以，在目前这样的过渡时期，把振兴传统手工艺的基础夯实。在未来，传统手工艺可能不是人们的物质生活的必需，但一定是人们精神生活中不可或缺和最重要的东西。”

关于传统手艺传承问题，以上这两段话，可谓实事求是，切中肯綮。近年来，政府、民间艺人、商家和学者，在培养年轻手艺人方面进行了多方努力和尝试，有成功的案例，也有“握着一手好牌，却打出了世界上最烂的牌局”的事实存在。青年手艺人本身，处在这个社会发展的转型期，面临着生存的现实压力，也面临着无数的机会，对他们而言，世界很大，舞台还太小。手艺二代们，担负着家族事业传承重任，不管愿意不愿意，总还有一种无可奈何又无法推卸的责任感在，而进入大专院校学习传统工艺的青年学生们，没有家族传承，只是出于喜爱而报考了这样的专业，毕业出来，又有多少人可以坚持做传统工艺行当的？

由于手艺人大多处于比较个体自由的工作状态，变化和流动性都很大，所以无法精确统计从业的人员数字及生存状况。就我所掌握的民间文艺家协会会员名单，据不完全统计，截止到 2018 年 1 月，登记在册的苏州市民间文艺家协会 964 名会员中，1980 年之后出生的 141 人，占总人数的 15% 左右；截止到 2016 年，江苏省民协会员中有 378 名全国民协会员，其中 1980 年之后出生的仅 7 名，占总人数的 0.02% 都不到；截止到 2016 年，苏州市共有全国民协会员 75 名，其中 60 岁以上 34 名，60 岁及 60 岁以下的 41 名中，1980 年之后出生的只有 2 名，占总人数也不过 0.02%。民间文艺家这支队伍的年龄老化，早已经是有目共睹的事实。很多老行当后继乏人，不是危言耸听，而是不争的事实。

即便如此，仍然还有很多年轻人发自内心喜欢从事这些行当，吃苦受累，无怨无悔；也有一部分年轻人一边做、一边怨；还有一部分在做与不做的边缘徘徊犹豫。

改革开放四十年，手艺的兴衰，见证着时代的变迁。手艺人的心路，伴随着时代的发展。

国务院办公厅 2017 年 1 月 25 日印发的《实施中华优秀传

统文化传承发展工程的意见》把对传统文化的保护传承提升到增强国家软实力、增添中华民族文化自信的高度。青年手艺人的成长,关乎传统手艺的未来。

苏州手工艺门类众多,在全国工艺美术 11 大类中,苏州拥有 10 大类共 3000 余个品种。其中,有联合国教科文组织“人类非物质文化遗产代表作”6 项,居全国各类城市之首;有国家级非物质文化遗产代表性名录项目 29 项,在全国同类城市中名列前茅。近年来,苏州大力扶持文化创意产业的发展,举办连续五届中国苏州文化创意设计产业交易博览会,带动全国文化创意产业的发展。2014 年,苏州成功加入联合国科教文组织创意城市网络,成为“手工艺与民间艺术之都”。

本人从事民族民间文化保护工作三十年,在长期的工作实践中,了解到“八〇后”“九〇后”,甚至“〇〇后”一批新生代民间艺人的成长态势,对他们的所思所想、知识背景、生活状况和创作情况,进行了连续几年的跟踪把脉,对他们在创客空间、网络平台建设方面的先行先试十分关注,他们的创作经营理念已超越父辈,有些在文化传承、艺术创作、胸襟视角等各方面都已形成质的飞越。

改革开放四十年,社会政治经济发生了很大的变化,苏州这个“手工艺与民间艺术之都”，吸引了全国甚至是国外许多民间艺人的扎根、驻足，年轻人回归老行当，说明传统文化正在回归我们的生活，成为老百姓美丽生活中国梦的情感寄托与实现途径。传统文化的振兴，不再仅仅是我们遥远温暖的记忆，而是我们现实生活的必须，更是我们梦想成真的愿景。

“过去，非物质文化遗产作为老百姓的文化实践，主要以言传身教、口耳相传的方式，在代际之间纵向传承。今天，互联网、直播平台的兴起，深刻地改变着人们的生产、生活方式，也改变着非物质文化遗产传承传播方式。强大的互联网平台和融媒体矩阵，承载着非物质文化遗产跨越巨大空间和时间，实现更广泛更持久的大众传播，并带来新的传承人群，产生新的传承方式。特别是运用跨界互联思维，通过互联网与媒体搭建的宽广平台，传承与传播之间的界限被打破，成为你中有我，我中有你，相融共生的‘一体两面’，激发了非物质文化遗产延续薪火相传的新活力。”这是 2018 年 2 月 27 日光明网上荣书琴的一篇文章中的观点。其实，社会上关于工艺美术、民间工艺、非物质文化遗产等基本概念本身缺乏清晰的认识，尽管分管这些业务的职能部门不同，但是，“被管理”的手艺人就是那一群人，一方面，他们被规范也被扶持，成为现有政策的既得利益者；另一方面，他们仍然以个体的非体制内的形式自由存在，更多无法普惠的不被关注的群体，只能接受自生自灭、适者生存的考验。

2018年1月12日的吴中区青年手艺人协会年会上，本人作为他们聘请的导师，发言说了这样几句话。套用鲁迅先生小说《伤逝》里的一句话：人需生存，爱才有附丽。同样，手艺人需先生存，创作才有可持续发展的可能性。所以我始终以为，主观上，手艺人要生产和创作两条腿走路。传承是前提，创新是必须。年轻人要先把老一辈手艺人精湛的技艺和深厚的传统文化底蕴掌握扎实，然后再谈创新。否则，所谓的创新，是沙滩上的楼阁，站不住脚。传承和创新，应该是辩证互补的关系，而不应该是矛盾对立的关系。客观上，年轻手艺人，一定要学会终身学习、不断进修，必须具有美术基础，才能具有一定水平的眼界和审美。联想到2017年12月，习主席给莫斯科大学留学生的回信，距1957年11月毛主席在莫斯科大学给留学生的讲话，整整60年的时间过去了，那句著名的开场白，至今看来还是那样振奋人心："世界是你们的，也是我们的，但是归根结底是你们的。你们青年人朝气蓬勃，正在兴旺时期，好像早晨八九点钟的太阳。希望寄托在你们身上。"

年会结束时，全体会员高唱一首歌《我们不一样》：

这片天你我一起撑起

更努力只为了我们想要的明天

我们不一样

每一个人都有不同的境遇

我们在这里在这里等你

我们不一样

虽然会经历不同的事情

我们都希望来生还能相遇

因为写作时间仓促，这本书稿只写了三十多位人物，二十多个行当。但是，其中我写到了一个比较特殊的群体，就是“手艺二代”，随着社会的发展、生活方式的改变，这个本来就比较小众的群体的绝对人数，确实越来也少，在个别行当里已经消失。不过，它还继续顽强地存在着。只是客观上，由于年纪比较轻，人生阅历尚浅，现代社会使人眼花缭乱的东西又实在太多，年轻人比较容易分心，注意力容易不集中，资讯太发达，诱惑太多，想要像他们的父亲母亲一样，一辈子埋头只专注“做生活”这一件事情，怕是再也做不到了。即便文化水平普遍比父辈提高了，二代的技艺水平也普遍无法超越他们的父亲母亲。比起又苦又累日日夜夜地做活计，他们更愿意搞宣传、做营销、设计文创产品。日本作家盐野米松说过，“继承手艺需要技能，而传授技能是需要花时间的。这是一个需要用手去记忆的过程，而绝非书、文字、绘画和图片能起上作用的。那些程序是要用自己的身体去记忆的。一件工艺品完成得是否合格也不是靠数字去衡量，而是靠自己的手指去判断。不是在学校，而是靠跟师父呼吸着同一方天地的空气，边干边学出来的。”这就是为什么，二代有着比一般年轻人更多的得天独厚、近水楼台。童年的耳濡目染，也许司空见惯，但是，记忆会非常深刻，难以从心中完全抹去。

本书写作对象不限于苏州本地人，也不限于苏作，也有来自外省市的年轻手艺人和他们的手艺，我以在苏州地区从事手艺工作的部分年轻人的生存现状作为典型案例，进行剖析梳理，以期达到以点及面，窥一斑以见全豹的效果。资料是一手的，细节都是真实的，通过直接访谈，零距离接触，对其中好几位，已历经多年的了解。伴随着这些年轻手艺人的成长，彼此思想交流碰撞，我感同身受，逐步加深了对他们的理解。2018年3月，我在撰写这部书稿的同时，为我们单位策划了一个

“年轻人说老手艺”的全民艺术普及慕课课程，十位“八〇后”“九〇后”年轻人，十项老手艺：苏绣、红木、核雕、香炉、石砚、苏扇、竹刻、琥珀、金银细作、纱罗。我为他们写了一段片首语：

回首，千锤百炼工匠精神。

凝眸，万紫千红盛世花开。

展望，薪火相传民族复兴。

心手相传，年轻人说老手艺，细数家珍，品味经典，追先贤足迹，揽世界入怀。小伙伴们，一起来！不一样的我们，成就不一样的未来！

目录

第一章

新核舟记 一

2017年年末的一个下午，苏州吴中区光福镇舟山核雕村的街巷里，冷冷清清，几乎所有的店铺都静悄悄的。巷子里的大饼店，新烤出来的各种馅料的大饼发出阵阵香气，光顾这家饼店的人，比进核雕店的人多。偶尔有个手上拿着一条刚买的串的电影明星从街角走过，也没有引起人们太大的注意。有人拍到了照片，发到朋友圈里，才会有询问："脸好熟，叫啥名儿啊？"答曰："就是那个演年羹尧的演员。""哦哦哦。"

只有大领导来村里考察时，各个店铺里的人才会跑出来看热闹。这两年，如果不是逢年过节，在平常工作日，冷清的市面已是舟山村的常态了。

舟山村在西太湖之滨，穹窿山东麓，相传春秋时期，伍子胥在湖边为吴王建造战船、训练水师。后来造船的匠人们世代居住在这里，形成了舟山村。《香山小志》记载："山梓人，巧者居十之五六。又有雕工，专将竹根、竹节、黄杨、紫檀，以及象牙、牛角、桃核、橄榄核，刻山水人物、花卉鸟兽等玩品，精巧有致，雅俗称赏。"这个地方自古出雕工艺匠，更有着一门绝活——核雕。

1949年以前，苏州核雕大都在上海城隍庙店铺里买卖。改革开放之后，舟山核雕迎来了黄金期。2012年，舟山村大约有800—900核雕从业人员，到鼎盛的2015年之前，从业人员多达5000人。你难以想象，这个村子里天天车水马龙，门庭若市，停车场汽车客满，来舟山拿货的人居然在弄堂里排起了队，有的订单时间长达大半年甚至一年多，实在来不及做就坐地涨价。2015年之前，核雕是包柜台卖的，因为来不及做，供不应求，批发商到处抢货。为啥这样疯抢？因为当时核桃、玉器等工艺品市场不好，核雕一枝独秀。北京商人一星期拿一次货，每次能挣20—30万元。利润实在可观，令人眼红。后来舟山本地人自己开始收货，自己去北京兜售，甚至在北京租了店面自己卖，扫一次货，就可以挣10万元。

2015年之后，市场开始降温，舟山村卖核雕的店面有400—500家，目前，从事核雕的雕刻师有2000—3000人。2014年以开始动工造吴工坊为标志，也就是舟山村开发之前，从业人员比现在多，店铺倒是比现在少。2015年之后，店铺比舟山村开发以前多了，但是从业人员少了几乎一半。于是，街道冷清了，店铺安静了，曾经的川流不息、熙熙攘攘、喧嚣热闹不再了。从全国范围来说，工艺品、文玩市场近两年的低迷徘徊确实是不争的事实，但是不能就此下定论，舟山的核雕不景气了。为什么这么说呢？

不久前，舟山村有一位叫周姐的人，开通了个人主播号，一边拍、一边讲、一边上图，她利用的这个直播平台，有十多万关注量，吸粉 14 万，日平均流动量 4—5 万人。也就是说，十多万的固定粉丝，每天有 4 万多人在线观看直播。直播的规则是收到货 24 小时以内不退货的，这一单就算成交。舟山村还有一位姓孙的微商，在一年投入十几万广告费的前提下，一年也可以做到 300 单核雕生意。

2016 年号称网络直播元年。2017 年，网络直播平台主播成为热门职业，主播月薪数万不稀奇。美食、化妆、游戏教学……充斥各大网络直播平台。网络直播平台销售，把原来的电视直销和微商结合起来，新生事物的新奇魅力，年轻手艺人和年轻消费者都是无法抗拒的。

过去由于橄榄核在太干燥的天气环境中易开裂，北方气候干燥地区不适合玩核雕，原来传统的核雕市场仅限于北京、上海、西安等地。现在舟山核雕就像插上了隐形的翅膀，飞一般地传播到互联网上去了，通过直播、淘宝、微信公众号以及各类自媒体平台等各个渠道，核雕市场已扩大到全国各地。

我感觉到这双隐形翅膀扇出的微风，并开始注意并跟踪这个现象，是在几年前。2015 年 6 月 29 日，吴中区一群年轻人成立了一个公司，公司的成员都是传统手艺人的第二代，也就是说，他们的父母都是从事传统手工艺行业的，这群人绝大多数是“八〇后”“九〇后”，偶有几位“七〇后”的，行当比较齐全，有核雕、刺绣、玉雕、设计、红木家具等等。他们商量着建一个平台，利用互联网，整体抱团宣传推广他们的产品。我对这个事情比较感兴趣，曾经旁听过他们的一次例会。

2015年10月7日，在穹窿山麓绿树成荫的“匠师智造”创客空间，他们围坐在一起，讨论手工艺和中式生活。

坐中间的是一位来自上海的“八〇后”小胖子，侃侃而谈，仿佛成了他的一言堂。他谈到网络平台线上的宣传，目标是先上线20多个企业，创客中心的线下活动，打算辟500平米空间，引6家企业（工作室）免费挂名入驻。投资方建议，开始不一定以销售量为目标，更看重后期发展，以及平台运行期间中式生活大数据的采集。在“互联网+”时代，如何深入研究中式生活文化，变成产品，融入国家的一带一路畅议，让外国人接受。一波一波，不断发展。中式生活如何引入老字号，如何让平台进入大学。垂直平台如何细分，前期不盈利，后期统一发货。品牌塑造和培养是重点。做平台，未来想象空间不大，如何和微信平台对接。创客空间是母体，线下是独立的，线上是

统一平台。这种模式解决了手艺人上线的痛点,为他们服务,线上线下推广。手艺人去学校培训,扩大影响。平台为他们服务,不收手续费,帮助宣传售卖。大师本身有销售渠道,平台为其增值。当销售影响扩大到一定程度,全世界都有市场。举个例子:平台好比书架,100个书架,就是100个展示平台,100个五星级宾馆,100个景区。要拉粉,客户搜关键词,排第一。孵化器、创客比赛、全国演讲、项目推介、PM、操盘手、路演……他的新名词层出不穷,最后说到投资公司达成创投,企业投资步步高……

听到这里,我合上笔记本,站起身来,跑到隔壁房间去透透气。这些二代手艺人,比他们的父辈有文化,所以能坐在这里听这个胖子忽悠。但是他们里面真正从高等学校毕业、又懂网络科技知识的,寥寥无几,因此会被这个胖子唬得一愣一愣的。我在隔壁碰到了春毅。他是自始至终,没有坐在那个房间听胖子长篇大论的人,他一直在几个房间和露台之间游荡,抽烟。

我问他:“怎么不参加讨论?”

他笑答:“哦,那个人,不靠谱的。”

“你怎么知道他不靠谱啊?”

“直觉。”

然后我们会意地共同笑出声来："嘿嘿嘿。"

时光荏苒，一下子到了 2017 年 9 月 17 日，那天凌晨，我发了一条朋友圈：认识很多可爱的年轻手艺人，未来是你们的，将来的世界是你们的。

前阵子，春毅在朋友圈发了一个新出的罗汉头核雕手串，3.5 万元。放大细看，一个个表情细节都不一样，真是越做越好了。这只是一个起步价，2017 年最贵的一个订单 40 万元，一串 108 颗罗汉头长串，先交钱订货，期限 6 个月。市场的好坏，貌似和他一点关系也没有，他每天闷头做到凌晨一两点，还来不及做，手上一个 4.5 万元的手串，整整做了一年才完工。2015 年之前是经销商的天下，2015 年之后进入网络时代，以直销为主。所谓市场萧条，"死" 的是经销商。像春毅这种客户自己找上门来订货的，也就谈不上萧条不萧条。他认为，北京、上海、西安、长春、天津这些大城市的所谓萧条，只是因为前些年卖得很猛，市场需求量饱和罢了，四川、河南、广州等地二线城市对核雕的需求方兴未艾。

他告诉我："人家看我一天到晚在雕刻，好像苦得要死，其

2018 年 3 月摄于苏州光福舟山村

那天我们去访春毅时，他正准备搬工作室，新地方还没落实好，他有点心神不宁。摄影师给他拍照时，他的配合显得有点勉强。后来我们在展厅里看他的作品，他说："怀老师我们合个影。"面对镜头他笑了。摄影师后来说，这是当天所有照片中他笑得最好的一张。他自己告诉我说："我就是个'奇葩'。"

实我认为我是在玩呀。自己感觉很幸福。我就是个‘奇葩’。到了一定程度，好朋友之间会彼此交流心得，交换作品，所以我也开始尝试其他材质的雕刻。

“我现在喜欢做系列作品，比如生肖本命佛、生肖系列挂件、水墨古画系列、花鸟系列等等，也做了猛犸象牙冰料的玉兰花、白菜、福豆、佛手、金刚杵、蝉和貔貅七款系列挂件，还有三款不同姿势的弥勒佛摆件。也接受朋友委托，刻一点绿松石。

“现在我的营销团队组建好了，自己可以专心创作了，不用再为卖东西烦了。一年做个大几百万，徒弟手艺好的都能挣个三十多万，所以不担心他们会跑掉的。

“2017 年我做了《积雨连村图》《富春山居图》《石湖图》《姑苏繁华图》《清明上河图》。文徵明的父亲文林，做过温州知府，温州平阳县有个桃源村，有山有水，村连村，所以文徵明画了《积雨连村图》，很有意思。这些作品，我用的都是 2.2 厘米以上的梅林大核，这种料很难得的，每颗进价就要近千元呢。我打算做一个系列，都是这类题材。很好玩的。”

笔者饶有兴味地询问起他经常佩戴的那枚自刻像。

“哦哦，那颗自刻像原料就要 9000 元，直径 2.8 厘米，长度 4.5 厘米呢，颜色特别红，核壁特别厚。

"我做了一对牙牌，文徵明的《横塘图》，有晋源桥，有亭子，特地设计了一个时间差的空间：一块牌上树还小，人未来，船未到；一块牌上树大了，人来了，还是一对人儿，船也到了。表现的是你我他和时间差。"

一直刻佛像，佛像又刻得好，这位手艺人必是有佛缘的。2016年元旦，春毅在西园寺受五戒，皈依做了居士，被赐法号"法舟"。以己为法，以法为舟。从此尘埃落定，变化良多。原来的春毅桀骜不逊，看不惯谁就给谁白眼，常常喝酒喝到醉。总之不是常人眼里的乖小孩。如今是太湖度假区"慈善大使"，并且闭口不谈自己做的善事。见面时居然和我探讨起佛理佛法来。好久不见，他让我吃了一惊，也有一点意外的惊喜。

我说你凝聚养活了一个近40人的团队，就是最大的善。我也推荐他去看一些修身养性的书。

他对我说："我终于明白了。好东西有了，就顺带拿上。没有也不必求。不是你的你非要强求，就会失去另外的东西。得不到也可能是好事情，未必是坏事。2017年上半年，我感触很深。麻烦也都是人找上来的。不刻意去找，各种好事说不定自己会找上来。我其实也有许多东西放不下的，特别是我的心态。我要做的，是往放下的方向走。

努力往放下的方向走，终会走向尘埃落定。春毅出生于1986年，32岁这个年纪就开悟了，善莫大焉，我心甚慰。

他说："东西价钱卖得好，无外乎三个原因，一是作品本身好，二是好的市场环境，三是好的销售能力。说到底，跟什么大师啊、职称啊、奖项啊，这些东西关系不大的。

"2017年6月，我组建了一个网络直播手工艺团队。目前电商网络直播公司全国有10家，我和其中一家合作，他们提供技术，我提供内容。直播锁定的对象就是'八〇后''九〇后'。哈哈，我厉害吧。企业直播，专业设备，团队有20个人。每天高清直播8小时。策划运营、直播场控、美工等也有20个人。工资不敢说。目前暂时亏本，主要为了宣传。你打开淘宝，点开淘宝直播，搜索周派就有了，已经弄了半年了，亏了一辆宝马。我就是'奇葩'，呵呵呵。"

大约过了一个月，2018年1月22日，春毅告诉我两件事："一件是网络直播这个月不亏钱了，实现微利，嘿嘿。另一件，今天有个人定了水浒一百零八将一个长串，定金已经打给我了，50万，完工交货时间随便我。我想啊，做好了先去参加个比赛，得个奖再给他。反正他也高兴的，得了奖的话，提升作品价值的哇。"我看了一下他已经做好的一个样品，神态、开相、

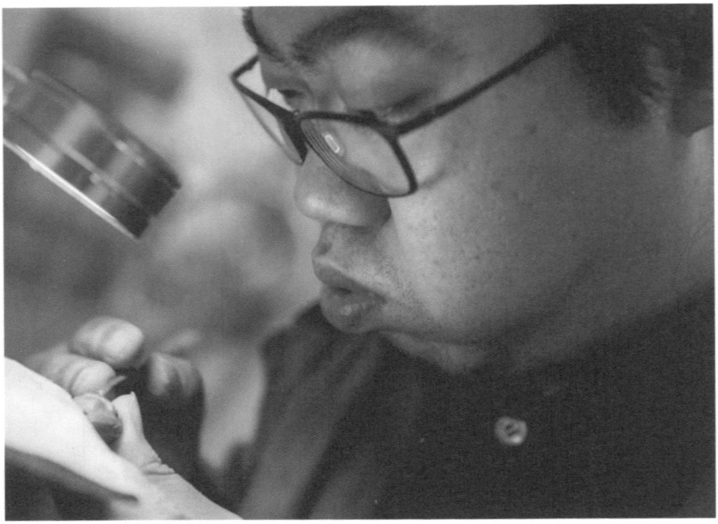

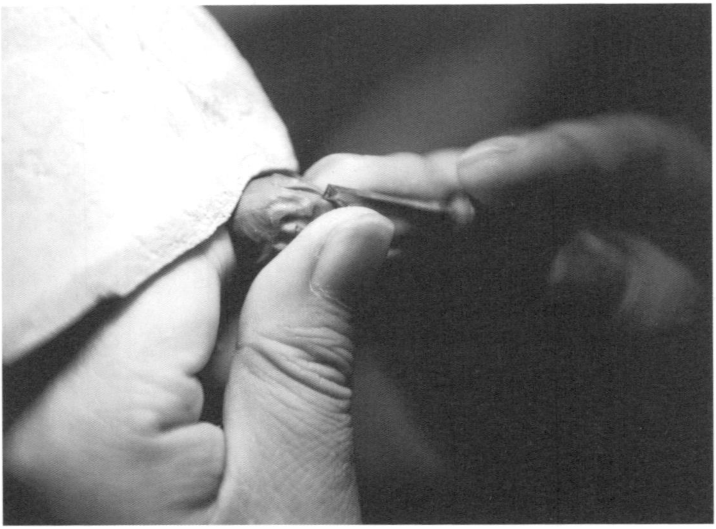

动作,咋感觉有点卡通呢。他开心地笑了:“就是要这个感觉啊,嘿嘿嘿嘿。”

春毅开心地说:“皈依后,我更加约束自己,比如,喝酒只喝半壶,再也不多喝。师父说,我法号法舟,就是走水路的,比一般人要快。不过呢,我要像水一样,不争。水与万物不争。做生意有高调、低调两种做法。我选择低调做。我还在学习中,我认为自己做得还不够好。

“我准备搬工作室了。我要做一个舟山最大最好的展厅。”

插播了一段周春毅轶事后,接着说上面的话题。话说,2017年9月17日,我认识了很多可爱的年轻手艺人。这个机缘,是因为被邀请去主持一个有始无终、没有安排妥当且有点无厘头的相亲烧烤会。想想,我这样专门主持严肃展览开幕式的“金牌主持人”(也是朋友打趣,不是自封的哈),跑到这种非正式场合来客串一把“拉郎配”的角色,况且又不是十八只蹄髈孝敬过的正经媒人,没有半点动力,也着实有点为难我的。主持了一半,我就撂下话筒不干了,跑到隔壁喝茶聊天去了。同在那里喝茶的,有一位就是吴中区青年手艺人协会秘书长郭总,现在他在运营匠师智造网络平台。就是之前说的被上海小胖子耽搁了近一年的活，现在他接管了。总算知道了这件事情的下文。

这个相亲会也算是青年手艺人协会做的一个小活动，主角都是“九〇后”，甚至还有“〇〇后”也来看热闹。那天张罗具体事宜的两位范姓堂兄弟，来自河南信阳，哥哥原来在东莞做美发师，弟弟做茶叶生意。哥哥沉稳内向，弟弟聪明机灵。哥哥对我说：“你一定要认识这里一个人，他的手艺好极了。”他带我去看一位来自深圳的东北小伙子的好手艺，确实好。怎么个好法？容我卖个关子，后面再专题介绍。弟弟则一定要我跟大伙儿一起去宵夜，热情地坐到我车上给我带路。那天晚上，包厢里是一桌大眼瞪小眼的年轻姑娘小伙，院子里是一桌截然不同的人，其中就有做核雕的小朱和做刺绣的小徐。她们和我一见如故，相见恨晚，一定要合个影，然后就有了我的那句感慨：真是一群可爱的年轻人。

这位范姓的弟弟带着女朋友，当然坐在外边，哥哥不坐进去是为什么呢？因为哥哥年轻的时候，就有了婚姻，有了孩子，然后是吵闹、分离，孩子妈妈因病离世……总之是足以写一部言情电视连续剧的人生经历，他说：“我不知道这辈子还可不可能再找到自己的幸福。”坐对面的小徐说：“怎么不可能？我也是‘八〇后’，我嫁给一个离过婚的男人，我现在也有自己的孩子，老公前妻所生的孩子和我相处得很好，公公婆婆也待我很好，我过得很好啊！我来给你介绍女朋友啊！”

郭总带着老婆和小孩，我和另一位史老板，都有家有口，席间就只剩下一位单身的了：一位穿着纯白色背心连衣裙，长发披肩的小姑娘，她也不坐进包厢去，一直在低头摆弄手机。小徐问：“朱蒙佳，你为什么不进去？”

她抬起头来看着我们笑：“没感觉啊。”

丫头有个性！我问：“你是做什么的？”

“核雕。”

呃，核雕？我以为我听错了。那么年轻的核雕师？

第二章

新核舟记 二

小朱给我看她手机里她的作品,明显不同于我看见过的其他风格,无论传统题材还是现实题材,都充满了抽象哲理和设计感。果然,这位 1993 年出生的“九〇后”女孩,毕业于南京艺术学院设计系。我仔细听了她对自己作品的陈述,非常欣赏这孩子的独立思考能力。

她介绍说:“我们生活在一个信息爆炸的时代,被外界各种信息轰炸,很多时候我们内心真正的想法会被各种外界信息而影响。我的作品就用具象的手法来表现抽象的思维,呼吁正视我们的内心。其中有几件作品在一颗核上出现两个脸庞,表示人的矛盾性,一个代表自我内心,一个代表外界信息,但共用着一个大脑,这里想表达坚定内心独立思考的意愿。还有一部分作品表现人在梦境中的真实表情,通过镜子的反射来表示内外合一的意思,这是创作作品‘梦镜’系列的一些想法。

“‘隐形人’是想表达人类无节制的欲望,隐形这样的技能很多人都想拥有,但是一旦拥有这样的技能,人类的欲望将难以节制,会因为私欲而做出一些逾越道德法律的事。所以我用一个牢笼来做作品的承载装置,表示欲念要有所节制。”

这些作品在各项赛事中拿了不少奖,后来她作为一名新兴群体青年代表,还参加了苏州市团代会。在一篇报道她的相关文章里,是这样描述她的:“雕刻是光福的传统手工艺,但是题材和品类偏少,消费群体偏年长,也是这个行业暴露出的问题,朱蒙佳开始思考,如何让传统手工艺‘年轻化’,探索传统手工艺在传承基础上的创新之路。于是她尝试设计制作小挂件,工艺简洁、价格适中,颇受青年群体的喜爱。朱蒙佳的作品以概念创新为主,她在继承传统手工技艺的同时融入创新元素,获奖颇丰,作品‘心光’在江苏省工艺美术协会艺博杯上获得铜奖;作品‘境’‘隐形人’‘太湖石’同时获得江苏省‘紫薇花艺博杯’银奖。”

她和这篇文章的小编的对话也蛮有意思的:

——学雕刻遇到过什么样的困难?有没有想过放弃?

——首先很现实的困难就是当前市场萧条、销售量降低、收入减少所带来的困难。也想过要放弃,但在这个犹豫过程中发现还是没办法放弃核雕,在做其他事情的时候总不走心,太过浮躁。只有在创作作品的时候才能静下心来,把自己的一些观点和看法表达出来。

——你怎么理解工匠精神?

——我所理解的工匠精神是求实、并且在不断地学习提升技艺的同时也要丰富自身内心,要有要求,要有创造力。作为

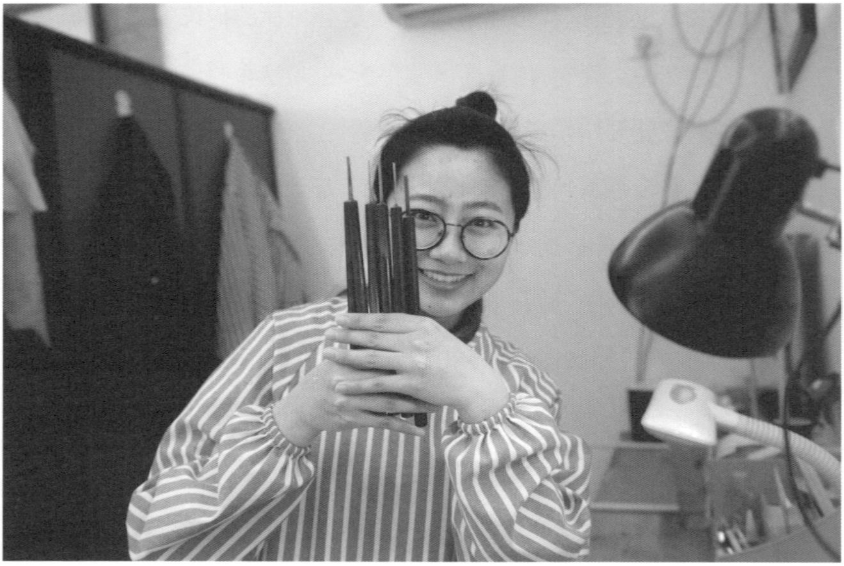

2018 年 3 月摄于光福舟山村

“九〇后”核雕手艺人朱蒙佳是一位有头脑的姑娘。她在高新区图书馆工作时策划过一个展，展厅里那些未沾匠气灵光乍现的作品，像宝石一样闪闪发光，吸引着我的注意力。我很喜欢这句话：“我们的传统很酷。”

年轻一代，要秉承创新精神，工匠精神不意味着因循守旧，任何一个行业，只有葆有创新精神，发挥创新精神，才能使得这个行业，甚至这门手艺永葆生机，充满生命力。

——传统手工艺如何才能获得更多年轻人的青睐？

——我应该也属于年轻人，我认为传统手工艺只要有一定的故事性、题材新颖，年轻人们也是很喜欢的，最近有句话叫："我们的传统很酷。" 只要多多普及，让更多人了解真正的手艺，我相信喜欢传统手艺的年轻人还是很多的。

此后有一天，我看到一个朱蒙佳策划的主题展览，就更加对她刮目相看了。这个展览的名称叫"咫尺匠心苏工苏作作品展"，门类涉及苏绣、缂丝、核雕、玉雕、红木家具、御窑金砖、皮艺等。这个展我最欣赏的有两点：一是年轻的作者作品占大多数，其中"八〇后" 占 75%，这也是我最欣赏的一点。二是陈列方式以实景展示方式为主。展示空间本身不是个标准展厅，除少量展柜及展架，主打的还是琴棋书画四个展示空间。

台北故宫有一张藏画，是松江画家孙克弘（1532—1610）所绘的《消闲清课图》，凡二十景：观史、展画、摹帖、洗砚、烹茗、焚香、灌花、夜坐、礼佛、山游、听雨、耕读等，是古代文人尤其是士大夫阶层基本文化生活的缩影。清初文人施清在《芸窗雅事》

一文中所列当时文人喜爱的雅事多达二十一种：溪下揉琴，听松涛鸟韵，法名人画片，调鹤，临《十七帖》数行，矶头把钓，水边林下得佳句，与英雄评校古今人物，试泉茶，泛舟梅竹屿，卧听钟磬声，注《黄庭》《楞严》《参同解》，焚香著书，栽兰菊蒲芝参苓数本，醉穿花影月影，坐子午，啸奕，载酒问奇字，放生，同佳客理管弦，试剑射骑术。

中国传统文化中，士大夫文化对中国传统文人而言，具有典型意义。从魏晋六朝的山水诗发兴，经唐宋元而至明清，终于形成包括诗文、绘画、品茗、饮酒、抚琴、对弈、游历、收藏、品鉴等在内的士大夫文化体系。琴棋书画，早已成为中国传统文化的符号，朱蒙佳的展览围绕这些符号来进行情景再现，明式家具打底，琴棋书画铺陈，雅物文玩点缀，路径是正确的，除了个别空间陈设还尚显牵强。比如，画只是以二度创作的刺绣卷轴或镜框来表现，比如书，仅以一匣线装书来代表，太过单调。个别陈设的细节在行家里手看来还有瑕疵，比如，古琴琴头摆放要在琴桌边出头，方便在下面旋琴轸调音。古琴还需放置在琴桌上，而不是放在展示单元空间正中中轴线的书桌画案上，不然，琴头挑出不居中，自然影响观感。小朱学过古筝和长笛，对古琴文化正在学习中，出现这些小瑕疵在所难免。难能可贵

的是，这四个空间里展陈的点缀，绝多大数既是展陈空间的道具，又都是参展作品，一举两得，妙趣横生，值得点赞。

展示的传统红木家具榫卯结构，用透明亚克力板装裱，使一张拆散的桌子形散神不散地呈现在观众面前，也十分大胆有创意。缂丝机在现场演示，这个虽然不新鲜，十多年前我布展已经用过，但是，“九〇后”策展人能够想到互动体验，也算想得周全的了。

我在展厅里漫步，目光停留在那些与众不同的作品上，一问作者年龄，果然都是出自“八〇后”“九〇后”甚至“〇〇后”之手。打个不是十分确切的比方：在看少儿美术作品时，我最怕看到的是“小大人”式的作品，笔触稚嫩，表现却老气横秋，一阵阵鸡皮疙瘩都能起来。我最喜欢看天真烂漫的儿童画，色彩、构图、题材往往会给你出其不意的惊喜，画面会呈现出作为一个成年人万万预想不到的效果，这样的画，过了这个年龄，是永远都画不出的。我就想在这些展品中，找出那些“儿童画”来，就像披沙取金，海滩拾贝。那些未沾匠气灵光初现的作品，像宝石一样闪闪发光，吸引着我的注意。

2017年12月22日，我应邀去常熟莫城一所民工子弟学校，参加一个灯谜赛事的颁奖典礼。坐在露天冰冷的骨牌凳上，包只能放在主席台脚边的地上。我上台给一个小朋友颁发大奖杯，台下的孩子们发出阵阵赞叹、欢呼，我也不由地被他们感动了。女校长面色黝黑，眉毛浓浓，乍一看仿佛辛劳朴实的农妇，她主动请教育局的有关领导来现场指导，可见用心之处。常熟有一百多所民工子弟学校，很多都是以赚钱为宗旨，这个学校居然懂得用文化活动实现"弯道超车"，实属不易。

主席台有两排座位，介绍来宾时，后排右边有个扎马尾的小伙子笑着摆手向我致意。这位生于1986年的小伙子叫许静健，网名一休。他从2008年开始做核雕，也已经有9个年头了。目前他的代表作是核雕的各式壶，很有意趣，也得过不少奖项，他说要做遍天下名壶。我问："你做过顾景舟的壶吗？"他不知道顾景舟是谁。毕竟还年轻，还不完全懂得"功夫在诗外"的正面意义。我问起他可曾想过去进修？他说有此打算的。我告诉他，在当今社会，一位手艺人，如果没有美术基础又没有文化积淀，顶破天就只是一个匠人，很难在艺术上有提高。不过这个年轻人热心，肯动脑筋，也有想法。这次他来到这个现场，是因为他作为我们民协推荐的会员，参加了市文联组织的一次采风活动，认识了同样是我们民协推荐的谜学分会的同志，才

2018 年 3 月摄于光福舟山村

朋友小史说："许静健就是一把锋利的剑，可以、也愿意做实事的剑。"小许自己却对我说了一句佛语："己欲渡人，却被他人渡。"他是一名核雕手艺人，也是一名阳光大男孩。

随着生活方式和消费方式的改变，年轻手艺人运用现代科技手段，也在尝试着新的传播交流方式，图为许静健正在做网络直播开播前的准备工作。

有了核雕和灯谜两项非遗项目的跨界联合。每一颗核雕就是一个灯谜，他设计了一个传统的花灯，谜面刻在花灯上，谜底刻在底部不显眼的灯托下，新颖有趣。特别是有些雅致的制谜，还是具有一定收藏价值的。灯谜活动目前火遍大江南北，灯谜核雕如果能可持续发展，也是有一定的市场潜力的。但是我现在要说的不是这些，而是他正在做的另外一件事。

小许老家在光福窑上村，与核雕大师许忠英是一个村的前后邻居。还是小屁孩时，这一带的小男孩们玩打弹子，用的不是玻璃球，而是橄榄核。他们经常把橄榄核放进黄酒坛子里玩。小许的师父须寅笙，原来在上海做红木雕花，1949 年公私合营后，就回到了舟山，在吴县雕刻厂工作。小许 2008 年毕业于无锡信息科技学院，学的专业是数控编程与数据应用。正是因为他的专业基础，他对数码技术比一般的年轻手艺人更具有敏锐的洞察力和理解力。

2016 年 7 月，他开始策划“匠师主页”这个平台。那时他正好遇到一个契机，那就是 2017 年 3 月 27 日的吴中区青年手艺人协会成立，他认识了会长小史。

小史说：“32 岁的小许，光福人来到了舟山发展；33 岁的我，舟山人去了光福发展。冥冥之中，我们到 2017 年才发生交集。我遇见了他,他遇见了我。看见了他,我仿佛看见了当年的自己。我以为,任何一个事件的成功,与事情本身无关,与做这个事的人有关。许静健就是一把锋利的剑,可以、也愿意做实事的剑。"

2017 年 7 月 4 号,小许的公司成立。在创办公司的时候,小史邀请他加入了"匠师创客"孵化基地,并对他进行专门辅导,给予一些扶持,同时让他担任青年手艺人协会的副会长。

"匠师主页"项目,可能是国内首家也是目前唯一一家手工艺人的推介平台,号称"匠人们的移动电子书"。每位匠人都有一个自己的展示主页,做到创作完成实时上传、及时展示(消费者可以直接联系作者本人),是真正的手艺人展示直销平台。平台的操作方式,无论是匠人上传作品,还是消费者浏览作品,完全和微信操作习惯一致。

为做这件事,小许最初找了 8 个人,想众筹合作,但很多人有疑虑。他就想,想法还不成熟时,还是自己做吧。于是自己投了 30 多万元,做起了这个平台。自己管理后台,自己做程序员。平台目前不赢利,他计划一年后再赢利。等平台做大,可以做分销系统,在第三方担保的情况下,个人主页可以实现营销。目前,开放性公共平台、信息资源共享呈现爆棚模式,直播

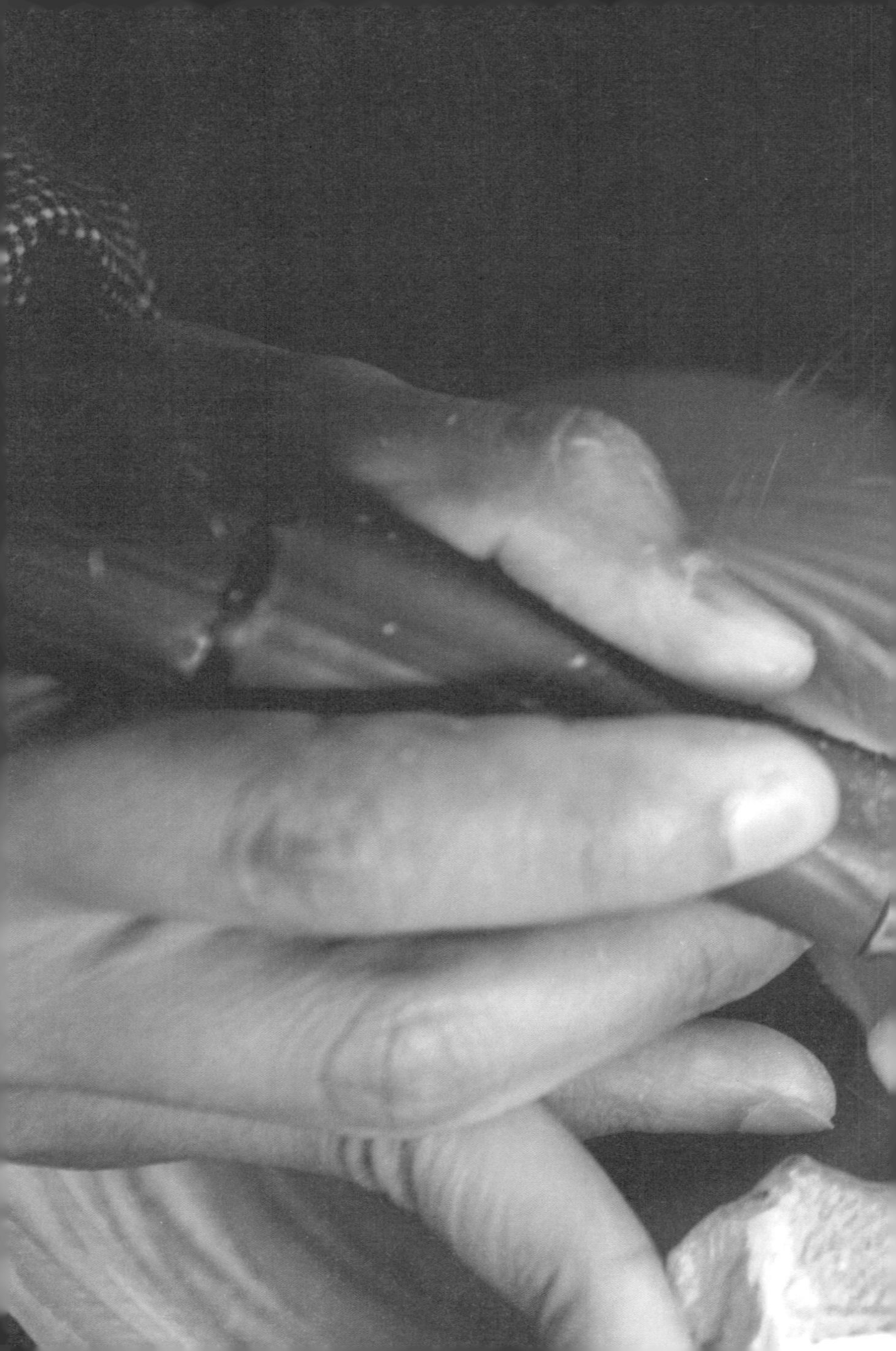

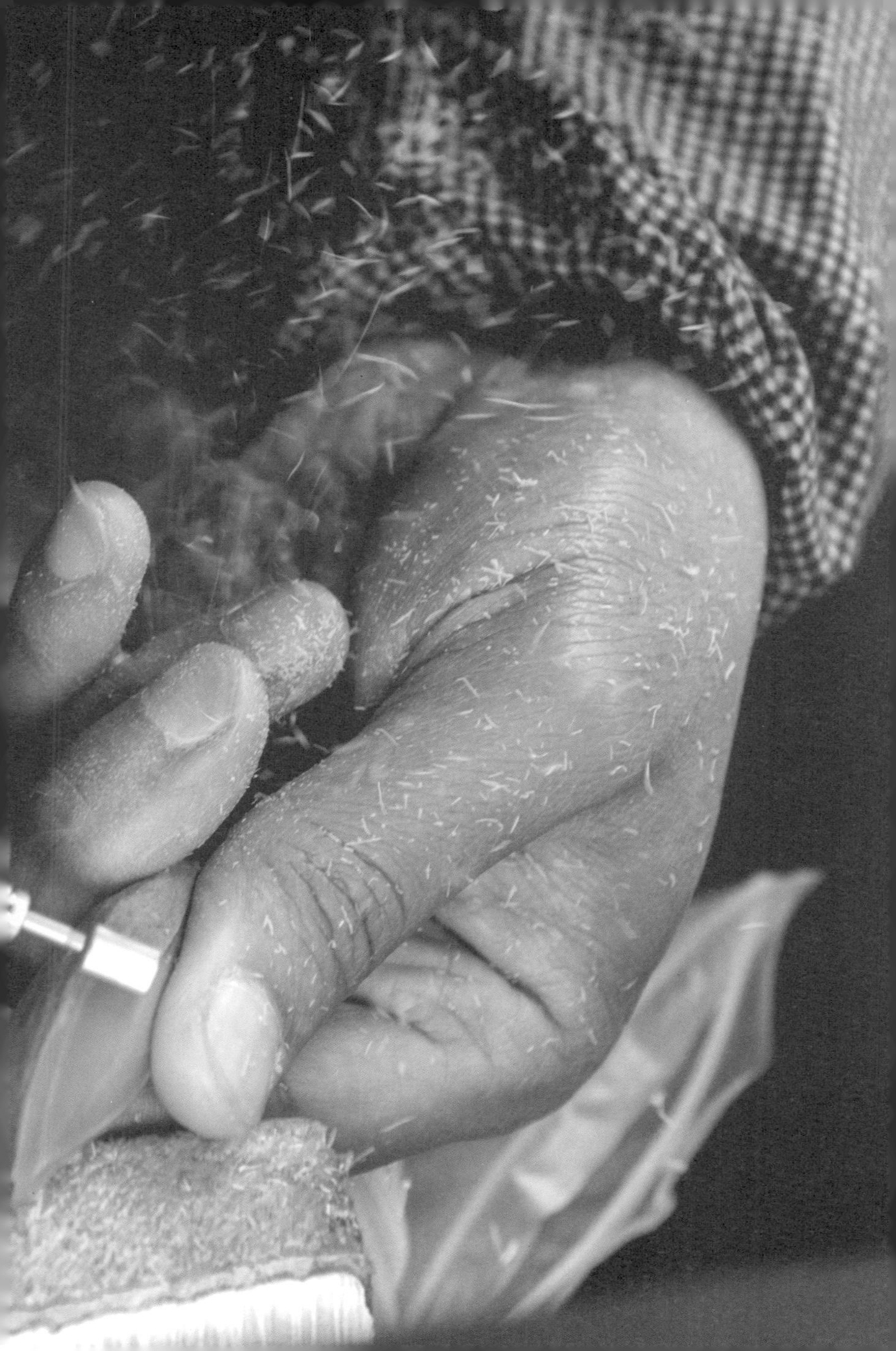

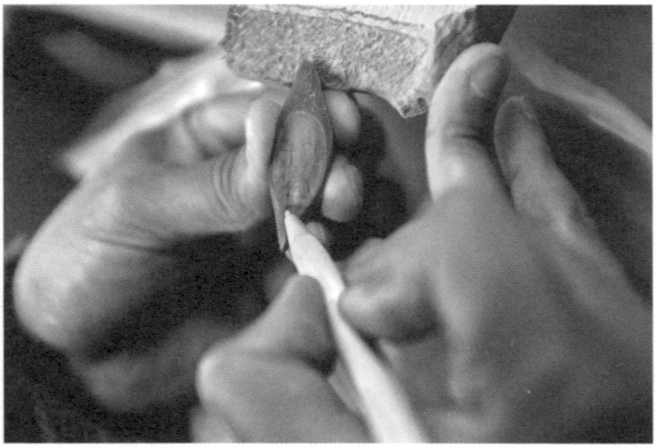

运营，需要至少7—10人的团队运作才能完成。小许计划依托这个平台，靠推介雕刻师，最终达到精准定制、个性化消费的模式，这种平台目前全国还是首创：手艺人、玩家、微商、一手货、零库存、私人订制……都是平台关键词，采用自媒体操作方式，吸引人气，主打粉丝经济。

现在平台展示手艺人主要还是以核雕和竹雕的雕刻师为主，到2017年12月13日，共有170多人、500多件作品上线。每人每年收取认证费300—500元，每人每天的推介费2—3元，可自行购买。首页推介价位翻倍。目前，核雕主要有苏工、浙江工、福建工、河北廊坊工等几种。相对而言，苏工精细雅洁，更富艺术内涵和文化底蕴；浙江工繁复叠加，耗时耗工；北工比较粗犷，不太重细节。这个平台目前还是以推介本地苏工为主要内容。先从核雕、竹雕开始，然后向其他门类扩展。计划推介核雕500—800人，紫砂（茶具）500—800人，竹刻100人左右，还有刺绣、铜器、苏扇和红木家具等门类的手艺人。

与这些工艺门类相关的工具，也可以一并上线推介。工欲善其事，必先利其器。朱蒙佳还记得，自己师从非物质文化遗产“光福核雕”传承人许忠英老师初学雕刻，第一课就是磨刀。当时她内心还是有些失落的，后来在学习的过程中，渐渐明白了老师的用心。核雕的刀具,有些可以买到,比如 12 把一套的基本标配。即便买现成的刀具,磨刀还是需要自己来的。俗话说,磨刀不误砍柴工。某种程度上说,学不会磨刀,就没有资格上手雕刻。还有些特殊刀具,则需要自制,市场上见不到,也买不到。小许拿来他的刀具给我看,一共 57 把,其中 42 把可以买到现成的,价格在 15—20 元一把,另外 15 把是自制的。我好奇地问他是怎么做的。成本是不高,但费工夫。他说,只需买 2 元一根的白钢料,一根料可以做三把刀。他自制了一个万能磨刀机,磨刀省力多了。

小许说:"我做了九年核雕,每天做到凌晨一点半,早上九点工作室准时开门,指甲都做歪了。"他给我看他的手指,真的有点变形了。关于这个平台,他说:"我知道雕刻师的痛点,所以我愿意做这件事。做平台无非两条出路,要么做大做好了可以上市,要么被更大的平台收购吞并。"他说了一句有禅意的话:"己欲渡人,却被他人渡。我希望我能做到目光长远,得到最终的回报。"

1985 年出生的钟苑个子高挑,美丽大方。她的右眼上方有一枚红色的胎记,我还以为是纹了一只粉红色的蝴蝶呢。她

2018 年 10 月摄于苏州吴中区

图为钟苑和其父亲在家中工作的场景。那天本来还拍了钟苑爷爷和他们父女三代核雕人在一起的图片，可惜，存储卡坏了，这几张照片没有留下来。爷爷钟年福 90 多岁了，这次拍摄后，由于身体原因去了敬老院，补拍已经不可能，成为永远的遗憾。钟苑美丽大方，右眼上方有一枚红色的胎记，我还以为是纹了一只粉红色的蝴蝶呢。工作时，她也会将自己打扮精致，以最完美的状态投入创作。拍摄时她还问摄影师："为了拍摄效果需要把耳环取下吗？"摄影师说："不用取，这就是你，这就是年轻手艺人的生活状态。"

的爷爷，出生于1927年的钟年福，在1968年创办了舟山核雕厂，1973年又带领一批师徒进入吴县工艺美术厂。这位参加过抗美援朝的复员军人、老共产党员，在1949年后舟山核雕的新篇章上，是一位当之无愧的元老级人物。他13岁在上海学艺，师从殷小男，对于世人称道的“钟派”，老人家认为“钟派”源于“殷派”，无论是“钟派”还是“殷派”都不能以单纯的符号概念来解释，创新才是核雕的流派发展方向。

钟苑四五岁时，就跟着父亲来到苏州，离开了舟山村。后来在工艺美院装饰艺术系学习软装，接触了工笔国画、陶艺、篆刻、书法等艺术形式。这些看似和现在的核雕没有直接关系，但实际上，对她的十年核雕生涯还是大有裨益的。我看过她画的核雕线描设计稿，笔触非常精细到位。2006年大学毕业后，她做了一年动画设计，高强度的工作使她的颈椎出现了问题，有一天乘公交车上班，突然头晕目眩。父亲说：“不要去上班了，如果你真心愿意学，就跟我学做核雕吧，不要像小时候那样做着玩玩了，正式学吧。”

钟苑说，自从做了核雕，明显感觉修身养性，不再那么浮躁了，还开始养花、养鱼、养鸟，来磨磨自己的性子。不过，因为自己个子高，坐在桌子前雕刻，仍然要低头弯腰，颈椎腰椎都有问题，十年间，颈椎发作比较严重的有 4 次，每次都要吐，都要由她先生扶到医院去。近视也从 250 度加深到近 600 度。她的瑜伽老师说，这样可不行，每次做一两个小时，就得站起来走走。可是，每次一坐下来，自己的手就停不下来啊！

她的工作室就在家里别墅的三楼，原来的一间影音室。工作台旁边有一张小圆桌，桌子上放着文具，桌沿上夹着一只小台灯。多少个夜晚，女儿在这张小圆桌上写作业，她就在工作台上雕刻橄榄核。她的女儿在我们谈话的时候进来了，在母亲怀里坐了一会儿，是一个脸蛋儿小小的、特别清秀文静的女孩儿。我看着孩子细腻光洁的小脸蛋儿，问："是不是长得更像爸爸？"钟苑哈哈笑了，"是呀是呀！"钟苑的性格真是开朗，笑得无拘无束。说来有趣，她和孩子的爸爸是网恋成功的，先生从德国留学回来，双学位，学金融的。这个家庭看上去蛮和谐的。钟苑说，公公婆婆和他们一起生活，教会了她很多。

她做核雕，没有太大的压力，不需要以此来养家糊口。所以她不愿意做网络直销，以她的颜值，出镜直播，肯定吸粉无数，但是她不愿意炒作，她更愿意让别人先认可她的作品，才认识她本人。她不喜欢来不及做的紧迫感。目前她只在新浪微博、百度专业雕刻贴吧、钟年福核雕工作室网站和自己的微信朋友圈更新图片，不做直播。她父亲就是一位不善言辞的纯粹的手艺人，爷爷的性格也是不争不抢的。她也不愿意多接订单。她认为人的精力有限，她自己带孩子，家庭、职称、教课、工作室……有很多事要忙。一个手串最快也得半个月吧，一年也最多做20多串。2018年5月时，她的订单已经排到7月了。回想上一年5月时，订单直接排到了同年11月，她说心态都不太好了，总觉得有事没完成。虽然除了有确定时间节点要赠礼的订单，其他客户也不会那么硬性要求按时完成，但是，真要拖长了，她自己就会觉得有负担，所以，她不愿意在心态不好的状况下做活。每次在工作台前坐下，她总会有个把小时在案前沉淀情绪。她不喜欢赶活，她认为赶活不是在做东西。

因为从小就耳濡目染，工艺美院的学习也打下了基础，她学核雕上手很快，正式学习了两三个月，就出产品了。从单粒再到手串，题材主要以传统的罗汉、佛像为主，也有园林风景、人物、动物等一些创新题材。有一串铁核扁四花观音手串，曾卖出3.2万元。因为2.5厘米宽度的扁四花铁核原料本来就难得，每颗核的进价就要千元左右，8个观音加一颗款珠，成本就很高。橄榄核品种很多，有三角核、油核、梅林长核、水晶核、黄胖核等等。铁核油性好。黄胖核颜色浅，发白，不太容易玩成红色，即便玉化了，也只是亮红色，而不是暗红色，油性偏低，玩出包浆很慢，需要五六年时间。

钟苑拿出自己的一个双面十八罗汉手串，和父亲的一个单面十八罗汉长串，比较给我看。由于手串尺寸上的限制，双面罗汉手串的核要短一些，单面罗汉的核要长一些。脸部五官的比例，在长一些的核上要比较和谐一些。因为她学过美术，所以，她的罗汉与父亲的作品相比，脸部肌肉和表情更加写实一点。

钟苑说，她做核雕，完全是兴趣使然，老客户带新客户，得到他们的认可，还是蛮有成就感的。老客户会翻单，他们手上的串，特别是罗汉，经常会被朋友直接“掳”去。无锡有一客户，三四年间，被人从手腕上被扒走了七八串了，目前已经买了十多串。还有些客户会订不同的题材。

父亲一开始不想收外姓徒弟，钟苑就劝父亲：“我女儿才8岁，还小，等她长大还需要很多年。爷爷当年不就是收了很多外姓徒弟吗？”现在，钟苑还在工艺美院手工艺学院讲授核雕课程，现在手工艺学院的院长，就是她当年在工艺美院读书时的班主任。她也在学生之中耐心观察、物色有潜力的好苗子。其实在课堂上也只能教个皮毛，美院的学生毕竟有美术基础，

功底总体还是不错的。但是，他们的变数很多，不稳定，年轻人需要生活圈，核雕的顾客都是文玩圈的人，特别是男生，以后都要养家糊口的，很难确定选择以此为生。她告诉学生："我现在告诉你们的都是表面的东西，只有把时间、精力花上去，沉下心来学，每一次都要动脑筋才行。人物脸部肌肉、结构、比例，嘴角的处理……衣褶的形状和面料的厚薄有关，贴附在肌肤上的状态，是由其物质特性决定的。"有的学生平面画得好，但不一定擅长立体实现。有的学生草图画得不好，但上手能力较强。她曾问她的学生，毕业以后最想做什么？回答最多的居然是开培训班。很多年轻人一开始为赚钱，赶工出不了精品，等市场不好了，就做不下去了。有些则成为微商，把心思放在了网络营销上。这几年，做核雕的年轻人淘汰了三分之一。

钟苑对区分市场也动过脑筋，京津冀地区的顾客身材比较壮硕，核需要 2.0—2.1 厘米的，稍大一些。江苏省内的，只需要 1.6—1.8 厘米的，不然就会硌手。中老年客户玩了多年核雕，精品拥有率会趋向饱和。现在 25—45 岁的客户群比较多，二十一二岁的在校学生客户也不少，她最小的客户才 19 岁。年轻的客户喜欢个性定制，做跟别人不一样的，对此她会收一点版权费。她喜欢目前这个状态，顾客知道你的水平，别人知道肯定是你做的，口碑也创起来了。前些年核雕很火，跟风的人很多，这些年都是行家在玩了。行家要玩精品，好东西会传下去的，对此她一点也不担心。

清代张潮编辑的《虞初新志》中，有一篇明代魏学洢的《核舟记》被选入中学语文课本，每个上过中学的人，都读过这篇文章。

明有奇巧人曰王叔远，能以径寸之木，为宫室、器皿、人物，以至鸟兽、木石，罔不因势象形，各具情态。尝贻余核舟一，盖大苏泛赤壁云。

舟首尾长约八分有奇，高可二黍许。中轩敞者为舱，箬篷覆之。旁开小窗，左右各四，共八扇。启窗而观，雕栏相望焉。闭之，则右刻“山高月小，水落石出”，左刻“清风徐来，水波不兴”，石青糁之。

船头坐三人，中峨冠而多髯者为东坡，佛印居右，鲁直居左。苏、黄共阅一手卷。东坡右手执卷端，左手抚鲁直背。鲁直左手执卷末，右手指卷，如有所语。东坡现右足，鲁直现左足，各微侧，其两膝相比者，各隐卷底衣褶中。佛印绝类弥勒，袒胸露乳，矫首昂视，神情与苏、黄不属。卧右膝，诎右臂支船，而竖其左膝，左臂挂念珠倚之——珠可历历数也。

舟尾横卧一楫，楫左右舟子各一人。居右者椎髻仰面，左手倚一衡木，右手攀右趾，若啸呼状。居左者右手执蒲葵扇，左手抚炉，炉上有壶，其人视端容寂，若听茶声然。

其船背稍夷，则题名其上，文曰“天启壬戌秋日，虞山王毅叔远甫刻”，细若蚊足，钩画了了，其色墨。又用篆章一，文曰“初平山人”，其色丹。

通计一舟，为人五；为窗八；为箬篷，为楫，为炉，为壶，为手卷，为念珠各一；对联、题名并篆文，为字共三十有四。而计其长，曾不盈寸。盖简桃核修狭者为之。嘻，技亦灵怪矣哉！

这篇《核舟记》里的小舟，是以桃核为材质所雕，共雕五人。今日舟山村的核雕艺人，在橄榄核上再度创作，谱写着二十一世纪的新核舟记。据说，一颗小小的橄榄核上，居然可以雕出几十个神态各异的人物来，船上的窗户也远不止八扇，当然也是扇扇可以灵活开关的！

比如“东坡夜游赤壁”，首先由省级非遗“舟山核雕”大师陈素英花了3年工夫于1997年复原，此后她又研制了30多款“核舟”，最多能在一颗橄榄核上雕刻36个人物。舟山核雕大

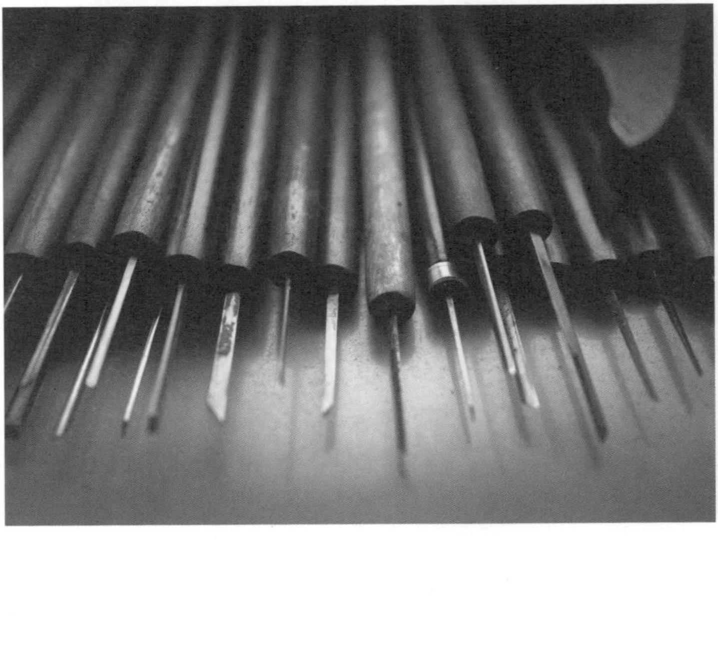

致的传承谱系，从清末至民国的第一代算起，1949 年前后可算第二代，第三代从 1970 年代算起。之后，如果按从业时间每隔 10 年算一代的话，1980 年、1990 年、2000 年分别算第四代、第五代、第六代，如果按年龄分，春毅、小许等人应该算第六代，陈素英和小朱的师父许忠英等人则属于第四代，小朱本人则应该属于 2010 年之后的第七代啦。

第三章

苏作其实是一种生活方式 一

三年前，我写过一篇稿子，题目叫《苏作其实是一种生活方式》。文中的几段话，我觉得今天看来，也还是我写这本书的这个章节开宗明义想讲的话。

苏作是什么？

清代浙江巡抚纳兰常安《受宜堂宦游笔记》中是这样概括的："苏州专诸巷，自琢玉、雕金、镂木、刓竹，与夫髹漆、装潢、像生、针绣，咸类聚而列肆焉。其曰鬼工者，以显微镜烛之，方施刀错。其曰水盘者，以沙水涤滤，泯其痕纹。凡金银、琉璃，绮、铭、绣之属，无不极其精巧。概之曰苏作。"

今天的苏作，通常指的是"玉石制品"和"竹木制品"两个门类。苏作家具是指以苏州、无锡等江南中心地区制作的家具，以黄花梨、紫檀、铁力木、鸡翅木等木材为主要用料。因为原料千里迢迢，来之不易，省料又美观成为第一要事，所以其造型简约清秀、轻简素雅的设计风格沿袭宋代，装饰质朴写意，具有文人画的风范。王世襄先生在谈到明式家具的"品"与"病"时，列举十六品中的第一品就是简练，第二品就是淳朴。可见，苏作家具水准，已达到最高审美标准。

你可以想象一下，在一个私家古典园林的古宅子里，一砖一瓦，一桌一几，墙上挂的，地上铺的，屋里摆的，桌上放的，举凡皆是苏绣、剧装戏具、宋锦、缂丝、玉雕、木雕、牙雕、石雕、砖雕、核雕、竹刻、苏扇、民族乐器、明式家具……甚至桃花坞木版年画、苏裱、陶瓷、金属工艺、麦秸画、银丝镶嵌、剪纸……各种苏作元素在同一个空间里集中展示,是不是很有意思?

苏作传统工艺从本质上说,不仅仅是苏州传统文化的符号,更是千百年来苏州人慢慢形成的生活方式的外化反映。这种生活方式,即便由于一些客观或人为的因素,导致暂时的中断或疏离,但是到了一定的经济社会发展阶段,它必定会顺势归来,继续浸润渗透到苏州人生活的方方面面,丝丝缕缕,如影相伴,滋润着我们每一天的日子。

2017 年 6 月,市民协组织去东北采风,一路上,做红木家具的小史不是接电话,就是打电话,要不就是低头看手机。可能他不知道,他的忙碌某种程度上打扰到了同行的所有人。我对他说:“既然出来了,就放下所有。把旅行当成流动办公,这个状态不好。”这个小伙子的优点之一,就是诚恳,他说:“是啊是啊,我正在想办法,不要再让自己这么忙。我也觉得这样不好。”

1985 年出生的小史,作为年轻一代的掌门人,管理着家族企业的诸多事务,也兼顾着许多社会事务,确实忙。三年前那篇文章就是写他的。三年来我们看着他一点点地成长。

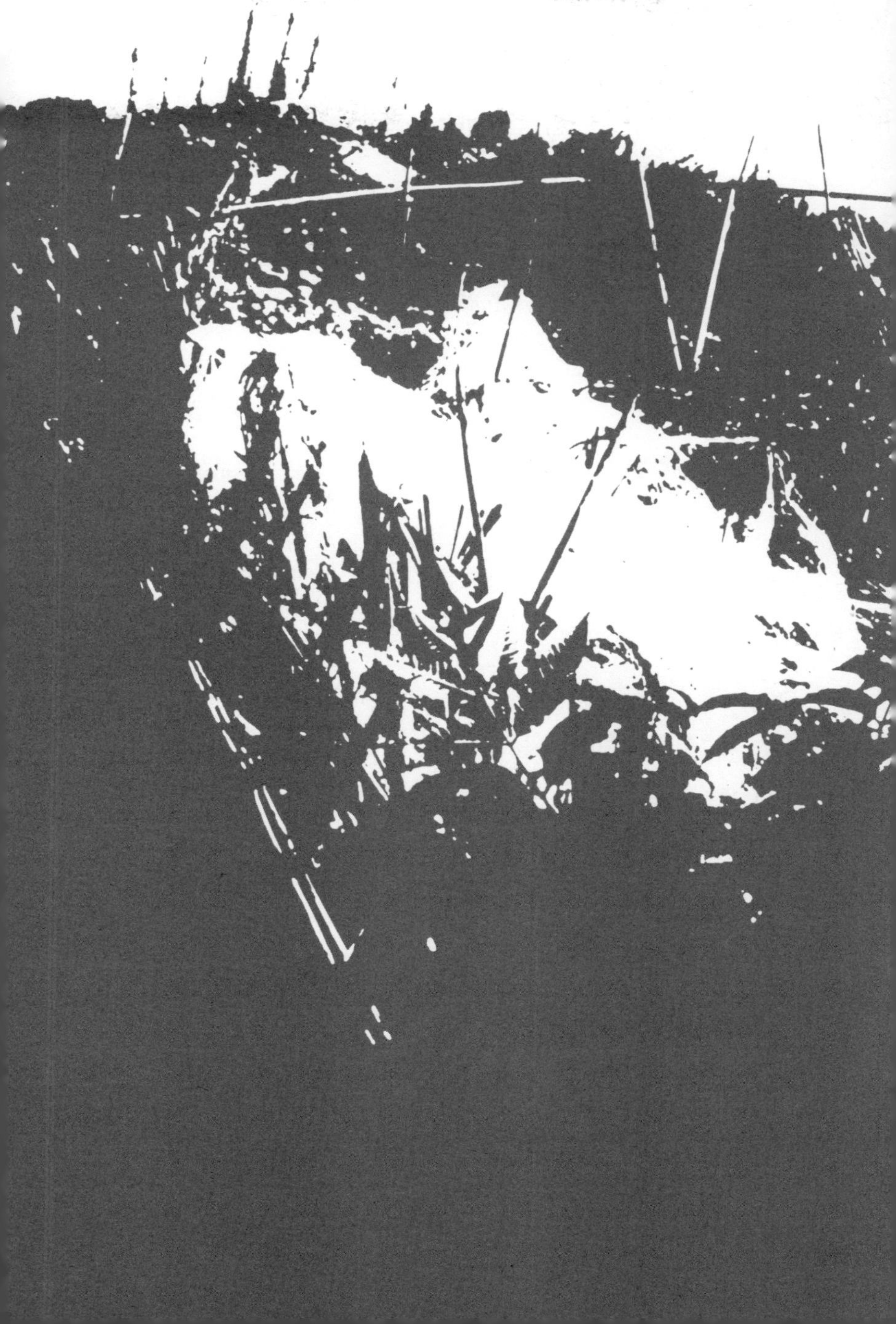

我问他："有新作品吗？"

"有的。光明系列，就是从'囧'字凳开始的'囧'字系列，沙发1件、卧室10件、餐厅8件、书房7件、茶室8件。"

2017年小史的成绩单如下：

1.2017年1月，获得"苏州市青年岗位能手"荣誉称号。

2. 木雕"五牛台屏图"荣获"2017工美新力量暨长三角新人新作大赛"银奖。

3. "春趣"在2017中国（扬州）文化产业博览会上获得"玉缘漆花 · 艺博杯"文博精品大赛银奖。

4. "'囧'字凳"获"天工苏作杯"非遗文化创意创客大赛非遗传承奖。

5. "春趣"荣获苏州市第七届"姑苏杯"创意金奖。

6. 家具"缠藤纹圆桌"荣获2017"艺博杯"江苏省工艺美术精品大奖赛银奖。

7. 家具"明式花几"荣获2017"艺博杯"江苏省工艺美术精品大奖赛银奖。

8. 木雕"雕龙屏风"在2017中国（苏州）"苏艺杯"国际工艺美术精品博览会上获得银奖。

9. 木雕"花架"在2017中国（苏州）"苏艺杯"国际工艺美

2018 年 3 月摄于苏州光福

图为小史与师父一起工作。1985 年出生的小史，作为年轻一代的掌门人，管理着家族企业的诸多事务，也兼顾着许多社会事务，确实忙。三年来我们看着他一点点成长。现在，他已经是三个孩子的父亲，成熟多了。

术精品博览会上获得银奖。

10. 家具“明式书房”荣获第十届中国红木艺术家具作品大赛书房类工艺金奖。

小史笑着说:“这一年的风光和收获其实都是前几年的朋友基础,福报来了。”

我继续问:“好吧好吧,那么,你的明式家具研究会做了啥大事呢?”

“大事做了的,也做好了,但是我是年轻人,最后的成果不是只属于我了。一个是苏州红木家具的材种鉴定普及化,二是苏作家具的省级标准,都是我牵线搭桥完成的,也是我说服了多方人去做的。苏作家具标准要成为国家级的。从做手工艺企业,到做文化,到做品牌,到协会事务,我现在终于理清了一条思路和操作方式方法,已经能够认清其中的奥妙。”

他说的协会事务,指的是吴中区青年手艺人协会,这个协会成立于 2017 年 3 月 27 日,他是这个协会的会长。这个协会里所有的年轻人,都习惯称呼他为“史大大”。不到一年时间,协会会员已从 50 多人发展到 90 多人。成立这个协会的原因,就是这些年轻人在过去的日子里,都有一种有力使不出的感觉。手艺界的传统,本来就是口传心授,论资排辈,不熬上个三五年,是出不了师的。比如,现行的工艺美术系列的职称评选,非本科毕业参评中级职称的前提,就是要从业达 13 年,就这一条,就把许多年轻人拦在门外了。年轻人作品题材新颖,但是很多年轻人在民协系统举办的展会上所获得的奖项,不被工艺美术系统承认。特别是一些从小耳濡目染传统工艺的手艺二代群体,有活力,想做事,他们需要一个平台。

目前,面向社会上的手艺人的正规组织有三个方面:一是工艺美术学会和工艺美术行业协会,在我们本地,它们隶属经济发展信息委员会创元集团,2018 年 3 月这两个社会团体已划归市文广新局管辖,以专业性展会、业务培训、评定专业职称等作为抓手;二是民间文艺家协会,隶属宣传部和文联,以团结会员开展惠民活动、举办展会等为抓手;三是非物质文化遗产保护中心,隶属文化广电新闻出版局,以开展田野调查、抢救濒危项目、评定扶持非遗传承人及传承项目为抓手。此外,还有一些高等院校,在培养传统工艺新人,对传统民间艺人进行系统化、专业化成人再教育,以及振兴传统工艺,开展学术研究等方面,作用也日益显现。

过去,很多民间艺人文化水平比较低,自我意识不是特别强。现在,年轻手艺人文化水平已经明显高于他们的父辈,希望平等对话，希望发出自己的声音，希望在属于他们的舞台上展现自己的风采。

如今已是高级工艺师的小史说，当年自己在评职称、培训、评选奖项等很多方面，因为年轻，不懂怎么做，基本靠自己摸索，走过不少弯路，报了三次才评上高级职称。如今总结了经验，知道了规则，就可以告诉大家路径，少走弯路，潜移默化地引导。

这个协会，就是一个信息的聚集点，一个信息通达的渠道，年轻人没有背景，没有经验无名气，没有话语权，容易造成信息不对称、不平等的局面，协会可以作为政府和会员之间的桥梁，让大家不要错过任何对他们有益的信息。信息提供给了大家，总会有尖子脱颖而出的。有时候，为顾全大局，年轻的无名之辈，很容易被考虑“其他因素”左右甚至平衡掉。协会可以发挥作用，充分沟通机构意愿和会员意愿，形成皆大欢喜，双赢甚至多赢局面，大家开心，善莫大焉。

创客空间里面的事情相当复杂，做十个有九个是不赢利的，它最大的功能就是扶持，对看中的项目，投入资金和人脉的支持，使其孵化成功。“匠师智造”前后投入 100 万左右，从 2015 年 6 月拖到 2016 年，被那个小胖子忽悠，一直没有启动。

小史终于坐不住了，请来了郭总接盘，做了一年多。他们也曾做过一个半月的直播，当时还没有淘宝直播平台，不能直销，所以也没有赢利。“电视直销 + 微商 + 淘宝”模式，相对来说，还是比较小众化，粉丝需要慢慢培养，前期需要投入。一般来说，平台上超过 1000 元的东西，就不会有人买。

青年手艺人协会是桥梁，创客空间有丰富的导师资源可以给手艺人协会会员讲课，实现资源共享。除了业务培训，还可以就手艺人工作室的命名、商标、专利申请等知识方面的需求，由协会出面请相关专家讲解。

许静健就是在加入协会后认识小史的。小史觉得，小许和自己是同一类人，有惺惺相惜之感，于是给小许的平台提供相关信息、人脉，在适当的时候，还打算投入资金。

协会还推荐人才参加团市委的团代会，并从中产生了省团代会代表。协会还“瞄准”几个获奖可以参评职称的高级别展会，带领年轻手艺人去参展。积极参与团区委“青匠心”文创产品的研发，2017 年吴中区评选出青年匠师新秀 16 名，其中 10 名都是协会会员。江苏省乡土人才新秀评比，协会全体会员都参与。

协会成立一年不到，小史已经在物色后备接班人选了。他和我说起刚看的《明朝那些事儿》，他认为，清兵入关，只是压垮骆驼的最后一根稻草。明朝的灭亡，根本原因在于，大臣和资本化利益集团互相勾结，制造混乱，皇权日益衰弱。从这本书里，他体会到，一件事做不成，往往不是由于某个人个人的原因，而是因为这个人背后的利益集团。

说到小史，又不能不说到春毅。

小史说："越是往下走我其实担心的倒越多，前些年初出茅庐，敢打敢拼。春毅达到了圆融状态，很羡慕他，我心智上还有很多未解之惑，自己暂时看不清，不知道明年能否开悟。我前面一直在帮春毅把关找问题，自己却很迷惑，最近几个月和春毅没有见面，我自己把一些迷雾渐渐拨开，看到了很多内在。"

小史和春毅都是舟山人，从小一起长大，1—3 年级在舟山小学，4—6 年级在塘村小学，初中在光福中学，一直是同学。初中毕业后，春毅开始学徒做核雕，小史则开始上高中和大学。两人分开七年之后的 2009 年，小史大学毕业，两个人又在一起。两个人的性格互补，秤不离砣，砣不离秤，几乎天天在一起。但是，这两个人走了两条不同的的从艺之路。小史做红木家具是家族企业，有一定的家底，叔叔伯伯处处可以帮衬，本身就有依傍，也算是"含着金钥匙出生"。而春毅几乎是从零起步，白

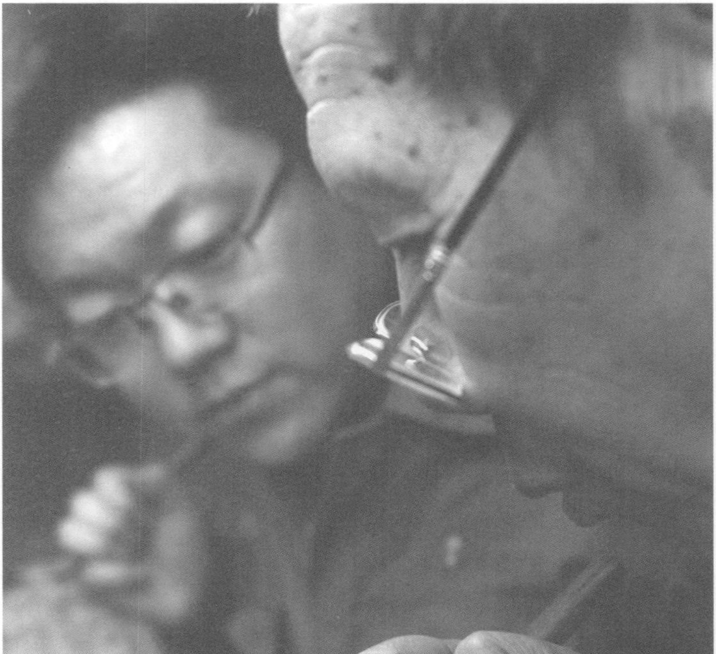

手起家的,他完全是靠自己的努力,19 岁时就为自己赚得了第一桶金。春毅的情商是非常高的,但是年轻就出道,小屁孩不被人认可,处处碰壁,经历了太多的尔虞我诈,经常被欺负,受了太多的伤害。所以,过去他对很多人很多事都戒备,不能放心。人也有一点戾气。2009 到 2012 年,他什么都不追求,文玩协会成立之后,才开始想要参与一些事,也尽了所有的努力,但仍然被打压,只能作为陪衬而存在。经历了近十年的被打压,他渐渐想开了,又都不强求了。好在,春毅的生命中,还是有"贵人"相助,现在,名与利都不缺了。小史带他去过普陀山,后来他自己又去了九华山,又去了西园寺,发现这个圈子非常单纯,充满了正能量,所以他终于放下了戾气。近一年来,他和小史越来越默契,也不再天天见面了。他们各忙各的,有事一个电话就搞定了。

小史认为,确立一个人的"江湖"地位,行业地位领先是前提。他对自己企业的规划是:2012—2017 年,提升品牌高度,这个计划已经提前一年实现了。2017 之后的第二个五年计划,是销售量排名光福地区第一。对协会的发展,他觉得,协会里的年轻人,都很阳光,正能量。所以,大家聚在一起,真的很开心。

第四章

苏作其实是一种生活方式 二

今天我们从明代文震亨的《长物志》中感受古人的雅致生活，室庐、花木、水石、禽鱼、书画、几榻、器具、位置、衣饰、舟车、蔬果、香茗共十二卷，衣、食、住、行、用、游、赏，涉及工艺美术、建筑、园艺多方面，晚明时文房清居生活方式跃然纸上。

从先秦诸子到《春秋繁露》，老子的道生自然、庄子的逍遥游、《周易》的天行健、孔子的畏天命、《内经》的天人相应，景由心造，心由景生，天人合一。

明式家具作为中国工艺品中最具人文特质的经典代表，高度抽象的线条，诗性的审美，成为文人士大夫诗意生活的基本框架和情感载体。身处其中，身未动，心已远。神驰千里，心游万壑。诗意生活是一种生活状态，更是一种生命态度。

琴棋书画烟酒诗茶，风花雪月石树山水。诗意生活，就是使生活本身成为一件艺术品。

红木家具生产，无非是形、艺、材三方面，形，说的是款型、韵味；艺，说的是加工技艺：烘材、开料、木工、雕刻、刮磨、打磨等；材，说的是材料：白酸枝、大红酸枝、小叶紫檀等。

2017 年 1 月 2 日，随着《濒危野生动植物种国际贸易公约》（CITES）的实施，赞比亚血檀、交趾黄檀、缅甸花梨、白酸枝等原材料价格上涨，红木家具行业出现市场回暖。截至 2016 年，我国红木家具企业已达 3 万多家，年产值超 1650 亿元，占所有家具产业产值的 15% 到 20%。中国家具学会理事长朱长岭认为，作为中国传统文化的组成部分，红木家具是能长久使用和欣赏的商品和艺术品，更注重传承。不应用珍贵的材料制作低劣的家具产品。在传承传统的基础上，要不断创新，材质上，不要局限于红木 5 属 8 类 33 种；工艺上，不断发明出类似丝翎檀雕这样的工艺，让红木家具更符合现代生活方式和现代生活理念。

丝翎檀雕这种工艺，我第一次是在小史那里看到的，确实精美，但也毋庸讳言，那不再是纯手工雕花制作。与父辈们对传统技艺讳莫如深、不愿示人的习惯不同，1993 年出生的谢瑜崑，更加坦率大度。他直言不讳地告诉我："现在红木家具生产都是先雕花机器打版，再手工修的。没有纯手工的，没必要的。有些机器效果好，做平面的雕刻，机器线条打得准。现在几乎没有全部纯手工。如果是孤品的东西，全手工是划算。电脑制版要有量。但是只论手工的话，如果手艺不好，还不如电脑。其实我觉得最重要的就是要效果好，不管是怎么来的，哈哈。"

当这位年仅 24 岁，店长口中的二代"小老板"，拎着"中年

2018 年 3 月摄于苏州临湖镇

图为小谢与父亲一起工作。“九〇后”小谢与小史一样是一名红木家具“手艺二代”，随着互联网跨入物联网时代，新零售革命已然开始，红木家具产业面临着前所未有的机遇和挑战。如何应对？小谢有着他自己的思路和举措。

油腻男”的标配保温杯出现在我面前，并且开口就说：“我们这里哪有那么多家红木家具百年老店？从1949年起算的二三十年后，我们这里就没有做红木家具的，都是白木为主。我爸就是做白木家具的木匠出身。”

哈哈哈哈，听闻此言，我直接被逗笑了。小伙子坦率得可爱。

小谢2016年毕业于苏州大学环境艺术学院环艺专业，本想毕业后出国留学的，后来改了主意。他觉得，去国外长见识固然不错，也还是要付出时间和金钱的代价，所以，最后决定留在国内，继承家业，帮父亲打理企业。小伙子对国内红木家具市场前景很有信心，认为红木产业呈崛起趋势，社会对高品质红木家具的需求将不断增大。

我饶有兴味：“说说你的理由呢。”

“理由啊，是这样的。过去，人们不在乎工艺，那是因为个人财富和文化素养没达到相应的水平，只追求材质和便宜的手工。目前，工艺不好的，都会被淘汰。过去企业之间差别不大，现在设计团队很重要。所有的企业都面临着重新洗牌。比如我们临湖镇，红木家具企业有20多家，但都是做缅甸花梨木之下材质的产品，做大红酸枝、大叶紫檀、小叶紫檀的，只有我们金鼎。但是，材料高端并不一定就能吸引大客户群体。高端材质要把传统做到极致,做成限量版,收藏级的。将来我的新馆,会把这种高端产品,箱柜系列和条案系列,做成场景展示。

“2006 年是一个节点,红木家具产业发展呈爆发趋势,价格大幅度上涨。现在是互联网时代,东西好,大家都知道。目前的消费群体,年轻人和中老年人呈四比六的比例,中老年人仍然看重材质胜于工艺。而 30 岁左右,有一定经济实力的顾客,往往要求亲自参与设计,对工艺的要求非常高。比如有一位上海客人,就要求按上海博物馆里王世襄先生捐赠的全套红木家具定制,还有一位要求仿制美国大都会博物馆里展览的红木家具。就年轻人而言,男士更喜欢清代式样,更注重工艺和材质,而女士则主要关心外型美观程度,喜欢浅色、明式家具。

“90% 的好,只需花费 60% 的时间与金钱,100% 的好,则要花费 100% 投入。也就是说,这 10% 的好,需要多花 40% 的努力才能达到,所以,导致精品家具做的人少,因为很多人不愿意多花这 40% 的努力。

“所谓的红木家具不舒适,其实是做得还不到位。中国古代讲究姿态礼仪,比如,椅子的靠背本来就不是给你靠的,就是让你注意坐姿的。人们喜欢说,西式家具更舒适,其实,全世界最早研究明式家具的,是德国人古斯塔夫 · 艾克,明式家具的

收藏之王也是美国人安思远。西方人对我们的明式家具评价是很高的。

“前几年流行的所谓‘新中式’家具,是为了找到新的赢利点,由广东人在2012年做‘红’的,原创还是法国人、意大利人。有的在国际大牌旗下,打着当代雅致生活的旗号;有的国内品牌,创新在材质的碳化注蜡。其实我以为,那是,‘做坏了的明式家具’。改良的样式和尺寸,是为了利于机器加工,和传统的家具没有可比性,是一种‘潮货’,就是为赚钱而生,利润特别高。”

最后,我问了小伙子一个很外行的问题:“为什么有的家具是的有缝的?有的是却是抿缝的?”

“哦,真正的传统的老家具都是没有抿缝的。自从红木家具出口到外国,由于国外气候和国内不同,考虑热胀冷缩的原因,红木家具才开始有伸缩缝的。现在,只有好的红木家具才没有伸缩缝,一般水平的,不做伸缩缝还不行。”

我明白了。

写完小谢的第二天,发现他在微信朋友圈发出了一篇自己写的文章,题目叫《新零售下的红木家具新经济》:“白驹过隙,时光荏苒,2017年已然过去,这是非同寻常的一年,我们宝树

堂收获了许多，也发现了许多的不足。

“2017 年是新零售革命崛起和爆发的一年，互联网从虚拟世界走入实体经济，从而带动的是物联网的兴起。前几年风生水起的互联网虚拟经济似乎一下子沉寂了下来，实体经济开始复苏。如果仔细观察，不难察觉，复苏的实体经济并非所有行业，而是那些可以把自己的实业接入互联网的行业，可以把自己的产品放在一个巨大的互联互通的平台上，让自己的企业和自己的产品被无限量的传播，当然，前提是产品要做得足够好，要有性价比，过去的那些粗制滥造已经不适合这个崭新的时代。

“2017 年是我们宝树堂砥砺前行的一年，也是我们营销模式由单纯的实体线下传播、现场体验向着线上展示沟通、线下对接模式转型的一年。传统的手艺在这个大数据的互联网时代，必须要用一种崭新的方式接入这个世界，这是互联网对企业的一种倒逼的转型方式。当每一个人通过一部手机把自己接入这个世界，人们已经不满足于仅仅可以用手机去消遣娱乐，而是互联网方式已经融入了生活。新零售就是建立在庞大的数据链上的互联互通的一种消费方式，而这一切归根结底就是效率的提升。

“2018 年是我们宝树堂全面接受新零售模式，由内而外地进行改造的一年。线上展示销售，线上直接对接，乃至下单。互联网是新零售的基础平台，而新零售的目的就是效率的提升，效率的提升所触发的是成本的降低，最终是产品价格的下降。也就是说在同样品质的基础上，可以做到价格更加实惠。互联网把零售模式做到点对点，货从工厂直接到客户手中，没有中间环节，而工厂也需要借助互联网去改进每一个环节提高效率，做到优质的商品，更低的价格。

“新零售是互联网跨入物联网的产物，这让我们很多有好产品、工厂管理规范、价格合适的红木企业不愁自己的产品卖不出去，只要把自己接入这个大平台，所有企业都在一个公平的舞台上竞争，强者更强，最后倒逼企业转型，提高效率，提高品质！

“新零售革命对于我们这些红木企业来说，是一次展翅高飞的机会，优秀的企业可以迅速脱颖而出，追赶的企业也可以迅速发现自己的不足。曾经的信息不对等、闷声发大财的机会已经一去不复返，曾经那些赚着黑心钱的企业势必被淘汰。我们需要做的就是提高效率，改进产品质量，让我们的消费者变成这场新零售革命的得利者！”

呵呵，小伙子有才的！关键有思考，对新生事物具有敏锐的嗅觉。令人欣喜，更令人欣慰。“九〇后”手艺人，已开始走向成熟，走向更广阔的舞台。

年轻的“红木二代”，依托互联网传播，三个月就成功申请上线。2017年，小谢的宝树堂线上销售额达50多万，虽然对于红木销售来说，这点销售额几乎可以忽略不计，但是毕竟开了一个好头。小谢分析网络销售额超过了大哥小史的“明仕阁”的原因是：在读图时代做网络销售，图片质量非常重要。小谢平时就爱好摄影，他比较清楚，同样一件东西，怎样的图片，才会更加吸引消费者的注意力。随着红木家具材种和款式国家标准双证合一，以及苏作红木家具地理保护标志的认定保护工作的推进，我们有理由相信，苏作红木家具未来前景看好。

蜡梅已谢，芭蕉结了籽。十多年前，山塘街改造，小谢家整体搬了一个老宅子的建筑到临湖镇来，门楼、花窗、厅柱……都是老的。春雨微寒，我拾阶而上，在疏朗的楼阁里喝茶，大理石桌面还是有点凉。摄影师小顾说：“我们家也有这种椅子，我不喜欢坐，太硬了，不舒服。”我笑了：“丫头，古时候，小姐坐椅子讲究仪态端庄的，不好像你这样做‘葛优瘫’的，晓得伐？”“嘿嘿嘿！”丫头有点不好意思地笑了。

第五章

雅物怀袖 一

元旦刚过,冬雨很冷。小包很暖心地过来接我。江南的冬天有那么大的雨,还是很少见的。雨中的平江路非常冷清。小包的润竹轩,门口挂着富贵竹做杆、马尾长毛做笔头的超级大毛笔,很有特点。中国的毛笔制作分安徽宣州的宣笔、浙江湖州的湖笔、江苏扬州的水笔和北京的李福寿毛笔四个主要流派。小包的父母做了三十多年毛笔,从扬州到苏州来,也已经十多年了。扬州水笔和苏州这边惯常做的湖笔,还是有点不同的。水盆、装套、干作三个环节,湖笔一般女做水盆,男做干作的。而小包的父亲一直做水盆,母亲一直做装套干作的活。扬州水笔保持"麻胎做衬,带水入套"的特有工艺,17 道工序的难度很高。

1987 年出生的小包,2010 年大学毕业后,到一家通讯公司实习了两个月,感觉上班很难受,实在无趣,就回到父母身边。虽然从爷爷开始家里就是做毛笔的,但是小包觉得,做笔是流水作业,不是一个人能够完成的事情,觉得这门手艺不太适合自己。他决定要另外学一门手艺。

一次,小包在观前街粤海广场看见一个扇子展,一下子被吸引了。经人介绍,小包拜苏扇非遗传承人王健为师,学习制扇技艺。拜师后,师父整整两年不让他碰工具,平时就让他泡泡茶，穿穿扇面，余下的所有时间，就让他“看”。一开始他以为师父不肯教。看了近两年后，开始上手。第一把扇子，很快就做好了。这第一把扇骨造型，在师父指点下，只要修了修型就合格了。这才知道，这两年没有白“看”。然后就自己一边琢磨一边做，在做的过程中，发现问题，再问师父。

竹子特别容易开裂，特别是冬天，一般不能开空调的。润竹轩不大，除了四周的货架，就只有一个工作台，一个卧柜。店里很冷，小包还是为我打开了暖空调。没有地方可以写字，他拿出毡毯铺在玻璃柜台上，让我放本子和笔。

我要求看看他的作品，他拿出了自己制作的五把扇子，摆放在毡毯上逐一给我介绍。

第一把，老竹根扇骨，15 单古方开肩，竹节如此对称的料还真不容易得。他耐心地给我讲解，15 单，就是两根大骨，加 13 根芯，单数。女扇，一般叫做秋扇的，都有肩。把玩用的男扇，不分大小，一般超过 30 厘米长，有的有肩，有的没有肩。

第二把，16 方坦肩玉竹。他又教我了，大骨加芯逢双的，叫方。这把看上去很简单的扇子，芯还是他买了把旧扇子拆下来再利用。但是他认为，这是自己生命中最有意义的一把扇子。打开扇面，一面是碑拓，一面是水墨芙蓉。画扇面的人，落款

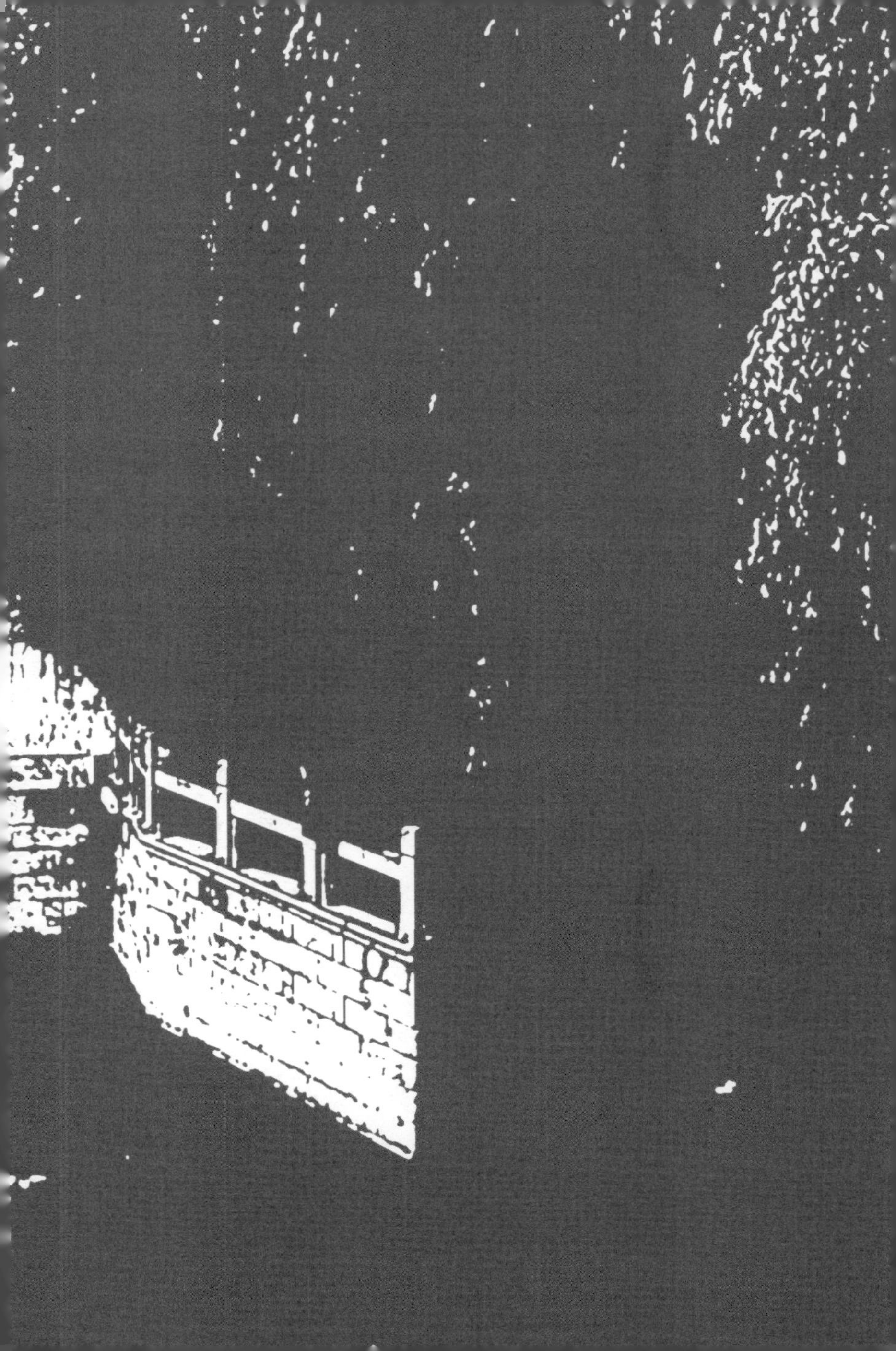

石头，是一位出生于1990年的法号叫法澈的年轻僧人，因病于2017年11月6日已经圆寂。我坐在润竹轩这天，是2018年1月4日。小包在灵岩寺认识了这位朋友，一见如故，此人碑拓、书画、竹刻样样都会，小包认为他是全才，深深为他的才华折服，引以为知己。他的突然离世，让小包伤感与惋惜。所以，这把扇子，小包将永远珍藏。

第三把，湘妃竹20方庙门肩。“喏，你看，这个线条弧度，像不像庙里的门洞？一般的扇子，打开的角度在90—110厘米之间，我这把排口尺寸要比一般的小一些。（排口就是大骨顶端的尺寸，这个是笔者后来询问的。）看上去很简单，但是越简单越难做。这把做于2013年的扇子，是师父第一次表扬的扇子。”

第四把，金丝棕方根。俗话说，出师三把扇：圆头、方根、燕尾。在造型、打磨、烫钉三道工序中，造型是最难的一步。其中，方根是最考验制扇人审美水平的，线条流畅，是最基本的要求。

第五把，马牙琴玉竹扇。玉竹虽说相对普遍一点。但是，真正能用的好料，还是不多的。竹子砍下来，要放上8年才能做。有黑斑、开裂的，只能放弃。扇子是有文化的人玩的，文人参与刻骨，民国时达到巅峰。目前的消费者，绝大多数欣赏层

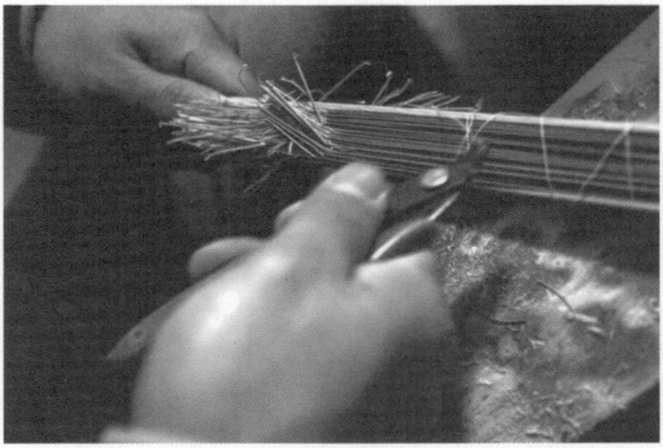

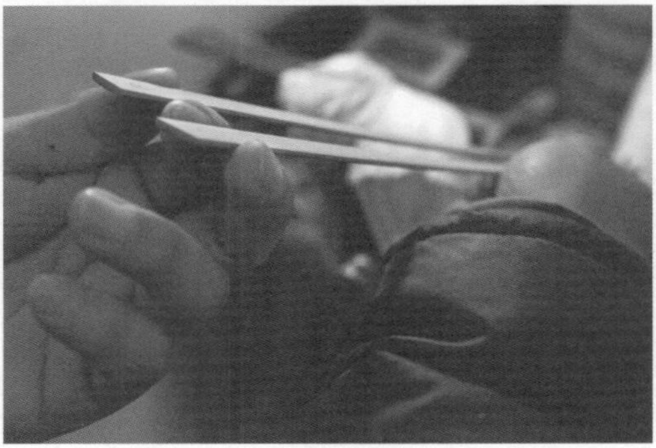

2018 年 2 月摄于苏州平江路

竹子特别容易开裂，特别是冬天，一般不能开空调的。小包的店铺也是他的工作室，店里很冷，小包还是为我打开了暖空调。没有地方可以写字，他拿出毡毯铺在玻璃柜台上，让我放本子和笔。他告诉我："做扇子这件事，真的要喜欢才会去学啊。学徒前两三年，真的是一分钱收入也没有的，要挺得住才行啊。要肯吃苦，这个苦，一个是经济的苦，一个是学艺的苦。"我问："像你这样的'八〇后'，现在还有多少人在做扇子？"他想了想："'八〇后'会做扇骨造型的，大市范围绝对不超过 5 个人，古城区只有我和师兄两个人了。"

次还没达到，大多只认材质，对工艺的认知不够。

师父是不能养活徒弟的，手艺人最好的出路，就是开一个小店。所以，2011 年底，小包在学徒一年多、两年不到的时候，家里为他开了润竹轩。小包认为，好的师徒关系，应该是互相帮助，高端的活徒弟介绍给师父，一般的活师父介绍给徒弟。

“我和师父一样，对做扇子这件事，是一种偏玩的心态。”

小包这句话，我可以证明。我和他师父王健同在一个政协小组 8 年，对他师父当年走进扇子厂大门的初衷有所了解。那天扇子厂在厂门口摆摊招工，王健偶尔路过，了解了一下情况，觉得这件事蛮好玩的，就踏进门去了。

“真的要喜欢才会去学啊。学徒前两三年，真的是一分钱收入也没有的，要挺得住才行啊。要肯吃苦，这个苦，一个是经济的苦，一个是学艺的苦。相对而言，做扇刻的人，比我们这种做扇骨造型的人，要轻松。刚开始做，手弄破是经常的事。

“现在吧，我主要做高端、精工的私人订制。每年做 30 多把，每月 3 把左右，每年收入可以在 20 万左右，完全可以养活自己了。我是 2015 年才开始对外出售的，师父允许我盖章，留店铺、制作者名以来，也就上百把扇子吧。

“现在外面卖四五百的行货，手工差的，每把也就最多赚三五十元钱，利很薄的。即便像我爸妈做的毛笔，那么辛苦，也很精心，在店里也最多卖个几十元啊。”

我问：“像你这样的‘八〇后’，现在还有多少人在做扇子？”

他想了想：“‘八〇后’会做扇骨造型的，大市范围绝对不超过5个人，古城区只有我和师兄两个人了。”

我看了看四周货架上的文房用品，想象着鲜红朱砂沁入雪白端砚的美丽（白端古代多为帝王朱砂御笔批奏章所用），红丝砚从唐朝传承至今，手中小石头的墨迹犹在，物是人非。人生若只如初见，何事秋风悲画扇。冬雨，湿冷，天又雪。然而见了这位很懂事的孩子，鞋都几乎未湿，我心中一点不冷。

风大，走过北寺塔，隐隐听见叮铃铃清脆的塔铃声，站着听了一会儿，真好。继续往前走，袖口居然也发出呼呼的风声，这下体验了啥叫两袖清风了。扇庄一行，我知道，那怀袖雅物，主要功能也不是用来扇风，而是用来赏玩，更主要是用来装派头的，呵呵。一周后，天晴了，我去访古城扇骨造型“八〇后”仅存的两个传人之一的小蒋。这个地方我熟悉，王健在西北街时，我去喝过几次茶，王健每次都笑呵呵地执意要送我到门外的人

2018 年 4 月摄于苏州西北街

小蒋就是小包说的古城区的“八〇后”师兄。小蒋性格比较内向，他告诉我说：“扇子比较小众，玩的人至少要对此了解。目前扇友们大部分集中在北京、上海、天津这些地方。这些年圈子越来越大，有上升趋势。做一把好扇子要花费很多时间和精力，手感稍差一点，就会出问题。我不会说话，嘿嘿。”

行道上，看着我远去。这西北街的店面，本来是王健的。现在给了他外甥，三徒弟小蒋。也就是四徒弟小包的师兄。

小蒋出生于1986年，2008年大学毕业，学的专业是有机化工。小时候，在外公外婆家，他经常看见舅舅在一个小房间里做扇子。拜师后，他学的是扇骨造型，至今10年了。他有一双9个月大的龙凤胎，和小包一样，都刚刚荣升“奶爸”。

学艺早期比较枯燥，越做兴趣越大。小蒋喜欢去看、去研究老扇子，还经常去看画展等，他认为，只看扇子有一定局限性。一开始觉得做扇子不难，做的时间越长，却觉得自己懂得越少。他一年也就做20到30把扇子，和小包一样，都是私人定制，一年赚个十几万吧。每做一把扇子，他都要给舅舅过目看看，也是个学习的过程。他喜欢仿古，也喜欢创新。他做过两把比较有个人特色的扇子。

第一把是琴方16方乌木芯翻轮。琴方看上去相对古板单调，翻轮手感好一些，使用起来比较柔顺。这把扇子他从2010年开始做，一直到2013年才做好。

第二把是他独创的无名称的16方乌木芯。

他从柜台里拿出第三把，玉竹16方菩提根圆头有孔的扇

子，这是他按照玉璧形制独创的。我问他："不烫钉，怎么把大骨和芯穿起来啊？"他神秘地笑了起来，"哎，嘿嘿嘿，就是啊！怎么穿起来？"

第四把是老山檀古方 16 方檀香扇骨，木质较厚重一些，粗一些。闻一闻，确实香。

第五把是仿明式小古方 16 方，相比较，竹骨更细些。

我问他："目前玩扇的人多么？对这个行当有信心么？"

他说："扇子比较小众，玩的人至少要对此了解。目前扇友们大部分集中在北京、上海、天津这些地方。这些年圈子越来越大，有上升趋势。做一把好扇子要花费很多时间和精力，手感稍差一点，就会出问题。我不会说话，嘿嘿。"

我听见他身下的旧椅子一直发出声音，也许是有点紧张吧，他一直在抖腿。直到门铃叮叮，进来了一个人。这人拿着一把老扇子，要求重新烫一下钉。他对小蒋说："实在太紧了，可能除了你和我，这把扇子没有人再能打得开，好像有密码一样的喏！这个样子，迟早要把扇面弄坏的，只有你能修。请你弄一下吧！"

第六章 雅物怀袖 二

《元明事类钞》卷三十引李晔语曰："折叠扇，古名聚头扇，元时倭人始贡，永乐间稍效为之，至挥洒字画，则始成化间。"

沈德符《万历野获编》卷二十六说："今吴中折扇，凡紫檀、象牙、乌木者，俱目为俗制，惟以棕竹、毛竹为之者，称怀袖雅物。"

制作扇骨的基本材料是竹、木、牙、角。竹有湘妃竹、梅箓竹、罗汉竹、凤眼竹、棕竹、桃丝竹等；木有紫檀木、乌木、鸡翅木、黄花梨、檀香木、老红木等几种；牙角有象牙、海象牙、玳瑁、牛骨等。

扇骨的式样一般分三大类：圆头、燕尾、方根，又细分为大圆头、小圆头、平头、玉兰头、排茄、古方、梅花、竹节等百余种。配套的扇坠也有核桃、玉石、牛骨、玛瑙、象牙、翡翠等多种材质。考究的还需配绫缎扇袋，圆底扁口、下窄上宽，配以刺绣、挑花、盘钉金银线、料珠制成的小巧图案，十分精致可爱。

清代以后，竹刻开始分清客和作家。清客就是业余从事刻竹的人，有较高文化素养，擅长金石书画，类似于玩票玩到一定境界的高端票友。作家就是专门以刻竹为生的艺人。本人这个所谓现代"作家"在学习以上这些知识的时候，才知道，所谓作家，原来是这样一个典故，作家作家，原意却不是坐在家里写

2016 年 10 月摄于济南大观园

再次看见王健的五徒弟小杜，一晃已有两年了吧？说起和王健的初识，细节至今历历在目。他一直记得师父的话：做艺术，不是单纯的匠人，艺在前，技在后。先要把眼光练出来。小杜说："我现在沉不下心来，手艺没有学好。我觉得，认识师父这 4 年时间，很漫长。打开的扇面就像一扇窗户，从此我看到了文化的升华。我准备把老婆孩子和父母都接到苏州来，在苏州找个房子定居，然后就可以好好跟师父做扇子了。"

作码字为生的人，而是以刻竹为生的，也颇有趣。

2018 年 1 月 21 日，仍然下雨，很大很冷的冬雨。再次遇见王健的五徒弟小杜，一晃已有两年了吧？出生于 1981 年的小杜，看上去比两年前成熟了不少。说起和王健的师徒情缘，细节至今历历在目，他徐徐道来，我听得仍然津津有味。

小杜父亲是大学教师，母亲是公务员。济南大学本科毕业后，他去韩国读了硕士，回国后，开过饭店，到上海做过生意，都不怎么成功。2013 年 4 月，闺女出生之后，他想着给闺女留下点东西。山东书画比较发达，他想找一些名家的扇子，让山东的画家画一些扇面。搜索了一下，西北街上有个苏州檀香扇厂，这年的 6 月 29 日，他从济南来到苏州，走在西北街上，看见了王健扇艺工作室。因为父亲喜欢收藏，多少也影响到他，所以他知道王健。他想，那么有名的一个人，怎么就这么小个门面？踏进店里，看见师娘正在接待顾客，两个人正在看扇子。师娘手里正在把玩一把老扇子改制的湘妃扇，小杜一眼看中，想买。师娘说："不卖，已经卖掉了。"小杜问多少钱？师娘答十万。小杜问："有没有便宜一点的？"师娘说可以去对面工作室看看。这时候，小杜发现里间还有个人，就是师父王健。他们聊了一会，师父就不干活了，到外间坐下喝茶。俩人一直聊到下午四点多。小杜准备走了。师父问："你打算去哪里？"小杜说准备去安徽宣城。师父说："那里的扇子有啥好看的。"小杜当即就退掉了车票，忐忑不安地问师父，可不可以请他吃个饭？没想到师父一口就答应了。那天晚上，小杜喝大了，喝到不省人事。为了这顿酒，小杜被父亲狠狠骂了一顿。父亲是担心，儿子一个人，在举目无亲的城市，居然和一个初次见面的人，喝到人事不省，多么不可思议。他没有想到，这对师徒一见如故的缘分是那样的难得，出乎所有人的意料。当年 10 月 29 日，二师兄出师，小杜就正式磕头敬茶拜师了。王健告诉我，这个小五，是他所有徒弟中考察时间最短的。是缘分哪。

小杜父亲原来在济南有个古玩店，小杜想在店里销一些苏扇，师父说，那你起码要配套一些售后服务吧，修修弄弄啥的。就先让他学穿扇面。这活看上去容易，做起来难。正好有一批 200 把扇子的订货，小杜好不容易穿了 50 多把。制扇的工具，很多都需要自己做，市场上买不到的。第一次学扇骨造型，工具丢在桌上，师父让他看着自己做。难啊，小杜很沮丧。晚上师徒俩喝酒，师父说，不要着急。当天晚上小杜做了一夜的梦，梦里都是怎么做扇子。第二天一早，居然真做出来了。

2014 年的山东市场，扇子是个空白，没人玩，也没人做。

这几年发展还是不行。要挣钱吃饭,不能总埋头做扇子啊。师父给指了一条路:申遗。

小杜平时就喜欢读书,他泡在图书馆里查资料,看到一本张岫云所著回忆录《补园出岫》中,提到有容堂南纸铺。张岫云是苏州昆曲传习所创始人之一张紫东的孙女,书中提到,传说她的七世祖张诚生,是山东清河人氏,原来在山东巡抚衙门前摆摊卖扇子,有一次,受到恶人欺负,正好被巡抚大人看见,巡抚大人看见他卖的扇子很精美,就给了张诚生一个衙门街上的店面,从此他慢慢起家,开了一家叫有容堂的南纸铺。张家后来成了盐商,到苏州做了商会会长,买下了拙政园西部的补园,修建了园子里著名的与谁同坐轩,据说,轩壁上扇形的漏窗,就是为了不忘初心,纪念祖上是做扇子起家。

1914 年,山东省第一届物品展览会在济南举行,当时《大东日报》总经理叶春墀出版了一部非常有史料价值的书,叫《济南指南》,里面也提到了有容堂南纸铺。这个店铺在清末刘鹗的《老残游记》里也有提及。

小杜了解了这些史实,就关掉了古玩店,申请注册了山东有容堂发展有限公司,并申请了山东省第四批省级非遗项目保护单位,这个项目在 2016 年 3 月正式批下来了。有容堂的后

人从济南来到苏州定居，现在，这个名号又回到了济南。小杜认为，这是一件很有意义的事情。所以，目前他做的就是宣传推广苏扇文化的事情。小杜说师父教会了自己做人的道理，从不懂事，到慢慢懂事。他一直记得师父的话：做艺术，不是单纯的匠人，艺在前，技在后。先要把眼光练出来。

小杜说："我现在沉不下心来，手艺还没有学好。我觉得，认识师父这 4 年时间，很漫长。师父的个人魅力吸引了我。有一次，和父亲喝酒，我对他说，你给我了生命，师父给了我新生。打开的扇面就像一扇窗户，从此我看到了文化的升华。我准备把老婆孩子和父母都接到苏州来，在苏州找个房子定居，然后就可以好好跟师父做扇子了。"

晚上一群朋友一起吃饭，饭桌上一个都不说工作和生意，只谈笑开心。小杜和师父，两人同时拿出一模一样的两个银酒杯，用银杯喝完白酒，擦干净，收进布套里，开始喝啤酒，动作一模一样。呵呵，有趣。

第七章

留青薄意　浅刻深雕

我们已说到扇骨造型，必然要说到扇骨雕刻。扇子这怀袖雅物，是古代文人的标配，那个时候，清高的文人雅士，显摆的不是豪宅、豪车、名牌手表，而是一把与世无双的好扇子。文人遇到折扇，就像月光照见诗人，彼此得以成全。一把好扇子，不仅可以代表身份，还要可供把玩欣赏。所以，仅有造型的美是不够的。然后文人就“鲜嘎嘎”，手痒痒，要把自己的书画刻到扇骨上去，也刻到自己中意的竹根、竹材、竹器上去，这就产生了竹刻这门手艺。

明代以来的江南文人喜欢造园林，养家班，拍曲玩票，所以，扇骨上不仅仅刻文人书画，也刻生动谐谑的戏文。我曾在王健那里看到过明、清、民国各个时期的扇骨，有一把民国张志鱼（瘦梅）所刻水浒故事，阎婆惜眉眼生动，画面栩栩如生，诗、书、画、印俱佳，堪称经典。

竹刻算是小类，材质也相对廉价。但是，由于它源于文人雅客自我把玩，对创作者的综合素质有很高的要求，书、画、印及刀工手法必须融会贯通，因此具有很高的文化价值。竹刻意境高远，精雕细作，甚至深刻影响到象牙、犀角、紫檀、黄杨等贵重材料的雕刻。

竹刻于2006年列入首批国家级非物质遗产名录项目，目前从事这门手艺的人比起从事扇骨造型的人数,相对还是较多的。问题是,现在会刻的人往往不会画,会画的人也往往不会刻。2017年苏州市民协和美协合办过一次“刻意江南怀文抱质”竹刻书画联展,创意就是十位画家和十位竹刻家合作,所谓书画笔墨与竹上清韵的雅集。开幕式上,坐在我旁边的国画家朋友告诉我,第一次在竹子上画图,完全不适应,因为竹子和宣纸的质地完全不是一码事,不能晕染,运笔行墨必须采用全新的思路,而且臂搁竹片造型有弧度,也不同于在平铺的宣纸上的线条笔触体验。其实,明清以来书画刻一体的竹刻,到清末就开始书画和刻工分离了,在今天再“合一”已经是很少见的了。

当有人向我推荐潘昊,向我介绍这个“九〇后”后海归小伙子时,我对他年纪轻轻忽然转行做手艺的经历很好奇。以下是他发给我的微信自我介绍,居然是繁体字:

“潘昊,江蘇吳江人,出生于1995年7月30日,高中畢業后前往新加坡留學三年,學習工商管理。畢業後有幸結識浙江省工藝美術大師王其偉,並拜其為師,跟隨其學習留青竹刻。現以社會學者的身份于蘇州大學藝術學院進修。

“我师父是乌镇的,但是他以留青见长。我来苏州后跟着袁牧老师学习阴刻。我和师兄合作,平时我们在书画和雕刻的

2018 年 3 月摄于苏州大学艺术学院

“九〇后”小潘的父母都是公务员，高二时出国去新加坡留学，学的是工商管理专业。2013 年，留学第二年，他随父亲去老家桃源。桃源紧临浙江乌镇。父亲带着他去乌镇王大师那里喝茶，接触了竹刻。2014 年，小潘毕业从新加坡回国。接下来 2015 年整整一年，他每天早出晚归，从震泽到乌镇去学艺。小潘说："老一辈手艺人，不接受创新。我趁着准备考研阶段，可以做到不急功近利，遇到合适的题材就去创作。每一件都当作品去做，而不是当商品去做。您问我将来是不是准备用竹刻养活自己？我还真没想过以后的事呢，先考研吧。”

方面交流的比较多。作品都是我们自己设计的。我们先画稿子再画到竹子上，最后我再表现。因为我之前大学上的是商科，遇到我师父后才接触这门艺术。后来认识了袁牧老师，老师觉得我美学底子还不够，所以让我到他的研究生工作室学习交流，明年准备考研。师兄是国画专业的，正好和我互补，所以我们就合作了一些作品。如果能顺利考上研究生并毕业的话，我准备跟师兄一起合作在苏州开间工作室。当然，这只是初步的想法，到时会视情况而定。感觉自己跟竹子特别有缘分，我之前学的是工商管理。老师，这个有点说来话长，中间我和我的家庭都经历了很多，最后才会出现这么大的转折，如果您有兴趣的话，等您来，到时我们当面分享。简单的说就是我一看到竹刻就爱上了，也遇到很多‘贵人’相助。”

小伙子长得很帅气，性情温和也很阳光。说起和竹刻的缘分，要从他那天跟着父亲去乌镇开始。小潘的父母都是公务员，住在吴江震泽镇，他高二时出国去新加坡读三年制大学，学的是工商管理专业。2013 年，在留学第二年，他随父亲去老家桃源。桃源紧邻浙江乌镇。小潘父亲喜欢收藏，手里有两三件桐乡非遗传承人、省工艺美术大师王其伟的作品。那天父亲说："我带你去乌镇王大师那里去喝茶吧。"

王其伟擅长留青。所谓“留青”，也称留青阳文、平雕，就是在竹子表面一层的青皮雕刻图案，把图案之外的青皮铲去，露出竹肌。日子久了，青皮变成浅黄色，竹肌渐渐变成红褐色，色泽近似琥珀，色差对比古雅可爱。这种技法始于唐代。现在存世最久的一件留青竹刻作品在日本正仓院，是一件唐代的竹制乐器尺八。王其伟从 20 岁左右开始做留青竹刻，先仿制旧物，后来往阴刻方面发展，作品还是以传统题材为多。那时候，他做过很多浮雕仕女图案的作品。那天，在乌镇，小潘看了他的好多作品，小伙子惊呆了。他特别喜欢那些仕女作品，觉得实在是太美了，一下就被深深地吸引，心潮难平。回去后，他就和父母商量，想学竹刻。父母当时很诧异，对孩子的决定根本没有思想准备。小潘告诉父母，商科毕业以后做个会计，不是自己想要的生活。后来小潘父亲在工作中受到了一些挫折，遇到了一位精通佛理及茶道的朋友，听从了朋友的劝诫，对孩子的这个决定，慢慢开始接受。

2014 年，小潘毕业从新加坡回国。接下来 2015 年整整一年，他每天早出晚归，从震泽到乌镇去学艺。2015 年 10 月 31 日，小潘正式拜王其伟为师。在师父那里，认识了从苏州大学艺术学院到师父那里学艺的师姐，2016 年 9 月，和师姐一起来到“袁

KASTFORCE

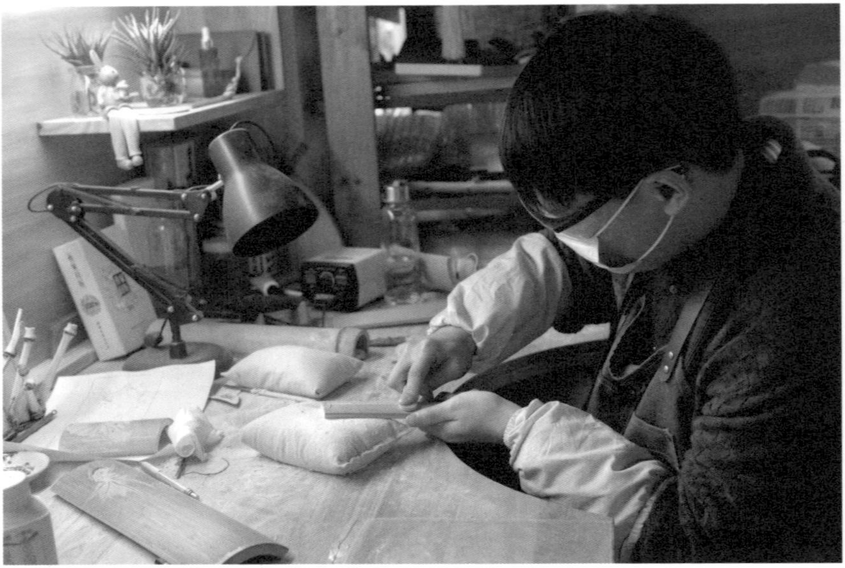

艺坊”跟袁牧教授学习，这位师姐后来皈依佛门了，所以，笔者去袁艺坊时没有见到她。我见到了小潘的师兄，1993 年出生的安徽铜陵人小高，他本科毕业后，被外推读研，目前专业仍然和本科一样是中国画创作。目前他和小潘搭档，为他设计竹刻画稿。这种合作需要一定的默契，经过一段时间的磨合，两人可谓珠联璧合，相得益彰。小高的画稿，是有针对性的创作，留青作品画得细腻，阴刻注重线条，直接在竹片上原创，也可以在宣纸上复原。小高的爷爷、父亲都是书法爱好者，自己也是从小临帖，所以，我看到的作品上的字，还是有一定功底的。我还见到了小高的女朋友小张，1992 年出生的河北保定人，从天津科技大学装饰艺术专业毕业，现在也在袁教授门下读研，正在撰写题为《竹子创意产品在休闲文化中的运用》的硕士论文。

其实，真正吸引我的，不仅仅是他们“九〇后”的年龄，更重要的是他们的作品。在 2017 年第十五届民间艺术节“民间工艺精品”的评选过程中，我就注意到了这个小展台上的几件作品与众不同。这次我又认真仔细地品味了一遍这批 2017 年创作的作品：“心经”（残卷）“文丑”“听秋”“慈韵”“仕女”以及还未最后完成的“昆曲人物”，创意、构图、书法、刻工，出自才学艺两年多的新人之手，我有两个字的评价：不俗。可以肯

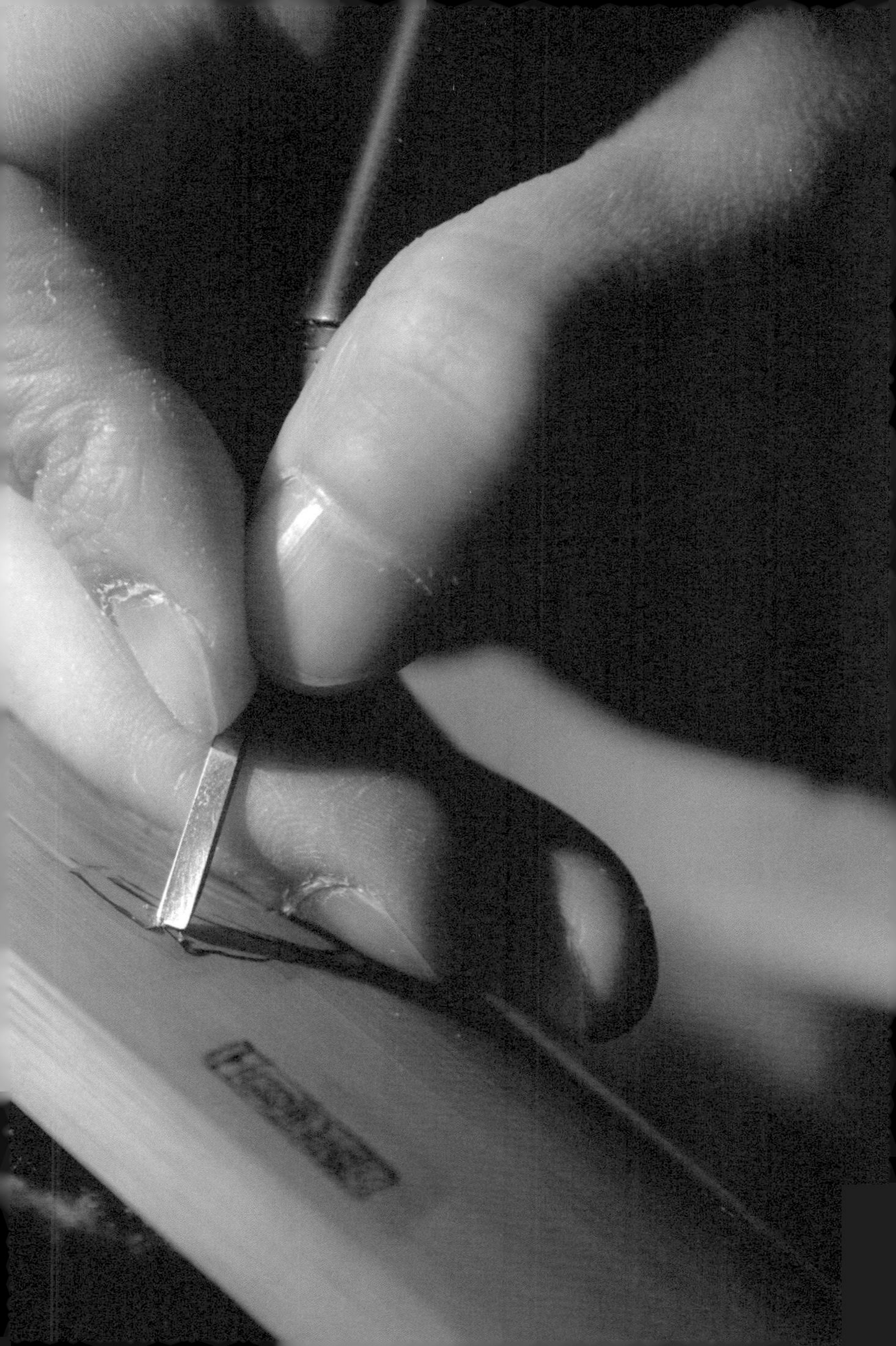

定的是，再经过几年美术基础训练，随着人生阅历的增加，他们的作品会越来越出色。

小潘说："老一辈手艺人，很多不接受创新。我趁着准备考研阶段，可以做到不急功近利，遇到合适的题材就去创作。每一件都当作品去做，而不是当商品去做。有时候，接受定制会感觉不舒服，商品的出发点太低，对艺术发展有限制。我有底线的，不会轻易放弃自己的风格。我现在经常琢磨的是，比如纱幔的线条，稿子上的线条，刻时我该怎么处理？浮雕不能写意，需要工笔处理。人物可以写意……还有很多问题。

"您问我将来是不是准备用竹刻养活自己？我还真没想过以后的事呢，先考研吧。"

嗯，小潘还在学艺读书，他还没有充分的思想准备面对未来。他的公务员父母，可以支持他。所以目前他还没有面临严酷的生存问题。他是幸运的，可以选择自己喜欢的人生，做自己喜欢做的事，挖掘自己的潜能，充分发挥自己的天赋，衷心希望他有很好的未来。

由此我联想到了一枚闲章引发的故事。

印章字体多用篆书，所以称篆刻。最早的用途就是取信，所谓印信就是以印为信。后来文人画兴起后，题诗盖印日益增多，印章开始从单纯的实用功能，发展到实用与审美功能兼具，与书画并列，成为一种艺术形式而存在。古代印章材质多以金属和玉石为主，自元末王冕开始用花乳石治印，石章才开始流行起来。明代吴宽、沈周、文璧、唐寅等书画大师，都兼以治印闻名，尤其是文璧长子文彭，更是被誉为“印家之祖”，他首创了印章边款，大大拓宽了篆刻创作的领域，还著有《印史》传世，可谓一代宗师。书画用章落款兴起之后，印家和竹刻一样也分为两派，一派为刻字匠人开店营业，一派为文人墨客自娱自乐，即便文人之中有以此为生者，也从不公开开设店面。

2018 年 1 月 12 日，我参加了吴中区青年手艺人协会年会，抽奖环节我得到了一枚“天工苏作”的印章，是一位叫陆帅的素未谋面的年轻人刻的。我把图片发到了朋友圈，有两位朋友指出，天工两个字有点不对。后来我有机会和小陆交流了一下。原来这位小伙子是 1996 年出生的，2014 年从盐城建湖到苏州工艺美院读大专，读的是影视视频专业。2017 年刚毕业，现在正准备专升本。大一时才接触传统工艺，很喜欢，一直在寻找一个适合自己的工艺门类，于是跟老家美术馆的一位老师学篆刻，“天工”这两字他做了变形设计，他不知道，篆字是不能随意改动笔画的。我问了一下他的情况。

他说："听了您给我的建议，我觉得我还有很多需要学习的地方，我会在未来的日子里不断学习，整理总结。我父亲在一家民营酒店做后勤，母亲以前学的缝纫，做了几年然后去了一家民营的皮鞋厂工作。是的，我现在主要还是以做视频为主业。然后在未来的日子空余的时间里不断地去学习传统工艺。我不是任何'二代'，我想让下一代去了解传统工艺，这些都是延续了几千年的东西。"

这位寒门学子的话，让我心中无限感慨。我感慨，我们的年轻人中，有多少知道老手艺的？不知道不了解的恐怕还是多数。都不知道，还谈什么传承创新？

小陆和小潘一样，都不是手艺二代，接触老手艺都是因为机缘巧合。所以，关于老手艺，我们的宣传力度实在不够，广而告之可能还是第一步。和小潘不一样的是，小陆没有从容面对未来现实的家底和支撑，他未来首要的任务是养活自己，照顾父母，而不是自身的创作。

小陆就读的苏州工艺美院于 2016 年 1 月 6 日成立了手工艺学院。首届招收学生 234 人，2017 年第二届招收 340 人。手工艺学院主要培养三类人：手工技艺传承者、手工文创设计师、手工平台经营者，目的是完善产业链，扩大传承主体。这个

2018 年 4 月摄于石湖景区

小陆这位寒门学子的话，让我心中无限感慨。我感慨，我们的年轻人中，有多少知道老手艺的？不知道不了解的恐怕还是多数。都不知道，还谈什么传承创新？小陆和小潘一样，都不是手艺二代，接触老手艺都是因为机缘巧合。所以，关于老手艺，我们的宣传力度实在不够。和小潘不一样的是，小陆没有从容面对未来现实的家底和支撑，他未来首要的任务是养活自己，照顾父母，而不是自身的创作。

Coyote Buttes
North

事,才是根本解决问题的尝试,不管将来他们做不做传承,至少他们了解了传统工艺。从某种意义上说,了解,才是办学的最终目的。对传统工艺来说,已经是功德无量的事了。至于今后他们是否真正从事手工艺行当,不是学校能决定的。

第八章 君子佩玉

民间工艺中，雕刻是一个大类。除了前面说到的核雕、木雕、竹雕等，还有石雕、玉雕，包括水晶、琥珀、象牙、犀角等等材质都能用来雕刻。

中国玉器源远流长。最早的玉器，主要用作礼器。玉璜、玉琮、玉璧、玉圭、玉璋、玉琥这些玉礼器，被《周礼》称为"六器礼天地四方"。六器之中的玉璜、玉琮、玉璧、玉圭四种玉器，在新石器时代就已出现。礼器是古代中国贵族在举行祭祀、宴飨、征伐及丧葬等礼仪活动中使用的器物，用来表明使用者的身份、等级与权力。

商周之后，所谓"礼崩乐坏"，玉器的礼仪功能逐渐弱化，特别是明清以来，更是走向世俗化、生活化。

说到佩玉，古之君子必佩玉，《礼记·玉藻》曰："君子无故，玉不去身。君子于玉比德焉。"孔子认为玉具有仁、智、义、礼、乐、忠、信、天、地、德、道等君子之风。诗云："言念君子，温其如玉。"古人一直有君子佩玉、自我约束言行的传统。到了今天，喜欢佩玉的人还是非常多。

有史可考的苏州琢玉技艺，大约开端于唐至五代，到明代苏工则全国闻名。贺四、刘谂、王小溪、陆子冈等人，以白玉、琥珀、水晶、玛瑙等材料雕琢小物件，其中陆子冈最为出名。宋应星的《天工开物》有记载:“良玉虽集京师,工巧则推吴郡。”至清代,苏州匠人被召集到紫禁城宫廷造办处琢玉,还令他们传授技艺。那时候,苏州阊门内专诸巷、周王庙弄、宝林寺前、王枢密巷、学士街、剪金桥一带,琢玉成集。不过,从古到今,苏作玉器主要以精雕细刻的小件配饰为主,炉瓶、山子等大件,是做不过扬州和北京的。

1949 年之后,因战乱凋敝的琢玉业逐渐复兴,1958 年被国家整编成国营玉石雕刻厂,生产工艺品,出口为国家创外汇。2005 年,国营企业调整,工厂彻底解散。当时厂里有一批技术骨干,陆陆续续离开工厂,自己创业,建立自己的玉雕工作室,其中一部分人成为当今名家。

2017 年 10 月,六件中国当代玉雕作品被陈列在大英博物馆。这是苏作玉雕第一次走进世界最顶级的艺术殿堂。在大英博物馆出具的正式收藏函中写道:“我们非常荣幸在馆内第一次展出生活在 21 世纪的雕刻大师们的玉雕作品。这些当代玉雕作品告诉我们在今时今日的中国,玉器依然占据着重要的地位。”六件作品中,四件的作者是苏州的,其中两件是杨曦作品,杨曦就是从玉石雕刻厂出来的。

杨曦、夏翔等人当时从苏州工艺美术技术学校毕业,被分

配在苏州玉石雕刻厂直属厂领导管理的创新组，专门做产品参加海外展会，当时在这个组里的人，都是厂里的精英，每件产品从设计到雕刻都是工艺师独立完成的。上个世纪七八十年代，改革开放之后，为适应市场的要求，针对文物商店的订单，厂里专门成立了仿古车间，蒋喜等人这时候也进入该车间里，他们开始一起生产模仿春秋、战国、西汉等时代玉器的仿古艺术品。

上个世纪七八十年代，苏州朱家园有个玉石市场，很多新疆商人在那里卖玉石，很便宜，几百元就可以买个籽料。后来集市又搬到文庙古玩市场，再后来搬到十全街相王弄。现在，相王弄一条街都是琢玉的，在这里做玉的百分之七十都是外地人，百分之八十用的都是出产于俄罗斯乌兰乌德、伊尔库茨克的"俄料"。这里已经形成一条比较完整的产业链。

小顾是土生土长的光福人。父亲做仿古玉器三十多年，原来一直在村办玉器厂做，产品主要出口港澳台地区，也销往浙江良渚文化遗址周边一带。小顾 2004 年毕业于苏州大学外语系，适逢"非典"，外贸行业衰退，他就去香港摩罗街摆了一年摊，2006 年回国办厂。2007 年到 2008 年，他一直在外面跑料，看石头。在青海住沙窝子，在荒无人烟的山里搞爆破，很苦。上个世纪八十年代之前，一万元就可以买一拖拉机和田籽料了，用镶都可以换玉。以前每公斤50—60元的料，现在涨到每公斤5000元。中等偏上的籽料，价格大约在每克2000元。

小顾父亲1989年自己开厂，1991—1992年，光福工艺街开始形成，近20年后，才有了后来的光福工艺城。2009年小顾在光福工艺街开店，卖玉石原料，也卖自己雕刻的作品和厂里生产的产品。这条四五百米的工艺街上，大约有一两百家店铺。2015年街口还立起了一个石牌坊。

2013年冬天，32岁的小顾从上海飞到满洲里，从满洲里坐大巴车半小时过境，到俄罗斯后贝加尔斯克的一家宾馆，宾馆里有俄罗斯朋友留在那里的一辆车。中国驾照翻译成俄文，再复印，在俄罗斯是可以通用的。他一个人开着车到赤塔市，和俄罗斯朋友碰面，然后跟着朋友找当地人买料，在那里逗留了五天。然后前往乌兰乌德，准备从那里进山去看料。没料到，在宾馆遭到当地人抢劫，身边现金和买好的玉料都被洗劫一空。

“说到底，那些年还是年轻不懂事，不知道哪来的勇气，天不怕地不怕的。呵呵。”他也笑了。

平时小顾看上去是个少言寡语的人，慢悠悠，万事不着急的样子，沉稳得一点不像不到四十岁的样子，他对自己目前状

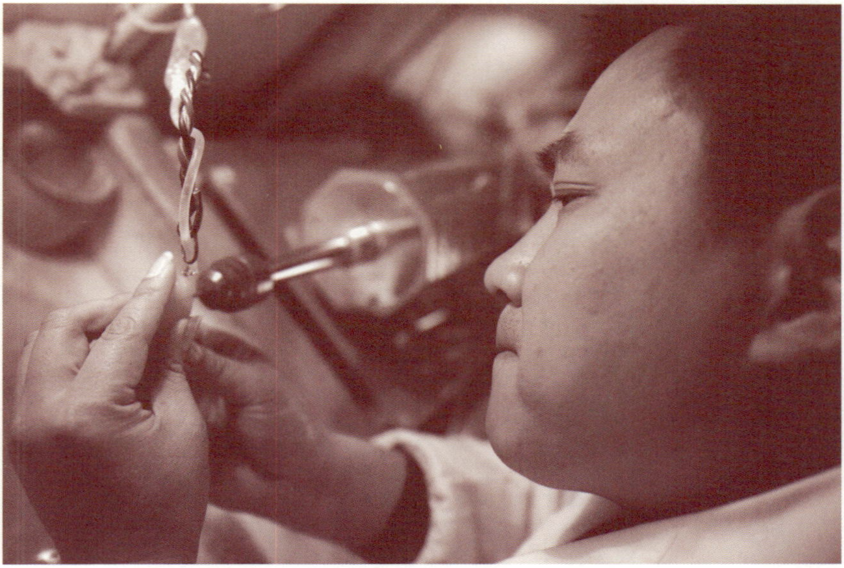

2018 年 3 月摄于光福工艺城

平时小顾看上去是个少言寡语的人，慢悠悠，万事不着急的样子。他说："从事这个行业，有个证书、大师称号，真的这么重要吗？"我笑了："你需要一个'追虎'的理由是吧？""是。与核雕一样，目前的状况，是同质化严重，竞争激烈。我以为，整个玉雕行业会更加细分，专业的事让专业去做，我们做好我们自己的事。"

态的解释是：可能这两年转战国内，状态还没有调整过来。他承认自己有一点松懈、懒惰，满足于现状。

他说："从事这个行业，有个证书、大师称号，真的这么重要吗？这些证的含金量也不高。"

呵呵呵，我听了禁不住笑了，确实"大师"满天飞，"他们骑在虎背上，逼得自己不得不往高处走。你需要一个'追虎'的理由是吧？所以你不急不忙的。"

"是。与核雕一样，目前的状况，是同质化严重，竞争激烈。我认为，整个玉雕行业会更加细分，比如专门的技法：镂空雕、仿古纹等等，会细分到每一个环节，只有做到最好，做每一个细分环节的佼佼者，才不会被淘汰。今后十年，线上直销、网络微商会越来越多。每个'大家'、每个'大师'都会削尖脑袋搞直播，以为现在不投入，就晚了，就没有份额可以抢占了。我看专业的事让专业去做，我们做好我们自己的事。"

我带摄影师过去给小顾拍照的时候，他刚从河南安阳进料回来。由于中原地区地理位置的优势，现在安阳已经成为全国玉石交易中心之一。

我问他，去了一趟收获如何？

他说："进了一点料吧。材料继续在涨，成品却不涨。比如，

2018 年 5 月摄于园区金鸡湖李公堤

虽然苏州从事玉雕及其相关行业的从业人员不是少数，但“八〇后”及更年轻的从业人员非常少。除去大专院校设计雕刻专业的学生，除去相王弄里从江苏徐州、安徽各市甚至从上海来学艺的年轻人，土生土长的“八〇后”本地玉雕师，估计不会超过十个，叶青算是其中活得比较滋润的一个。

你进价五万的一件料，做好了可能还卖不到五万。真是奇怪的现象，照理水涨船高，料贵，成品也该贵啊。所以现在不少商家宁可卖料不卖成品，这样最终会导致很多的加工人员失业。2018年的行情会更难做，本行业中，20%赚钱，80%都是在维持。市场洗牌还在继续。”

我们看了看他当年闯俄罗斯的照片，路漫漫，天高云淡，因为车祸撞烂车头的吉普车，从车窗里探出头的俄罗斯姑娘……诗和远方，狂野与历险，是人生中宝贵的财富。

在撰写本书过程中，我发现虽然苏州现在是全国和田籽料玉石雕刻的中心，也是重要的和田籽料原料交易中心之一，从事玉雕及其相关行业的从业人员不是少数，但是，“八〇后”及更年轻的从业人员非常少。如果要说技艺比较成熟或出众的，更是少之又少。除去大专院校设计雕刻专业的学生，除去相王弄里从江苏徐州、安徽各市、甚至从上海来学艺的年轻人，土生土长的“八〇后”本地玉雕师，估计不会超过十个，叶青算是其中活得比较滋润的一个。

叶青的电话很难打通，信息也要过了很久才会回复。当然，我自己也实在太忙，所以，离书稿杀青截稿不到一个月时，才约到他。我是苏州工业园区的第一批新居民，二十年前买的是园区第一个楼盘。我家离李公堤比较近，车程不过十几分钟，所以，我到李公堤三期叶青的工作室时，他还没到。工作人员正在为托盘里的玉雕件上油，然后一件件放进展柜里去，这是每天要做的工作。工作人员告诉我："叶青的手机经常静音的，他听不见电话和信息的，也不是经常看手机。"等叶青时，我和工作人员也简单聊了聊，她说："嗯，我们都是光福和东渚来的，都是乡下人呀！叶总有两个女儿，他每天早上都要送小孩上学的。呵呵。"

正聊着，叶青推门进来了："不好意思啊老师，让您久等了！"

名叫叶青，我想象中他该是个清瘦的小伙子，一照面，他原来长着一张黑黑红红的娃娃脸，小伙子穿着套头黑色T恤，胖乎乎的挺精神。叶青1986年出生于光福山墩大队北庄村。小时候村子里家家户户做玉雕，他15岁时，初中还没毕业就开始学做这门手艺了。大一点了，跟着师父吴金星学了两年，2005年在相王弄开始了自己的创业生涯。两年多后，搬到了园林路。现在搬到了李公堤，一晃也有三年多了。李公堤工作室开业的时候，正好是他三十虚岁生日，他拿出了一本专为开业做的画

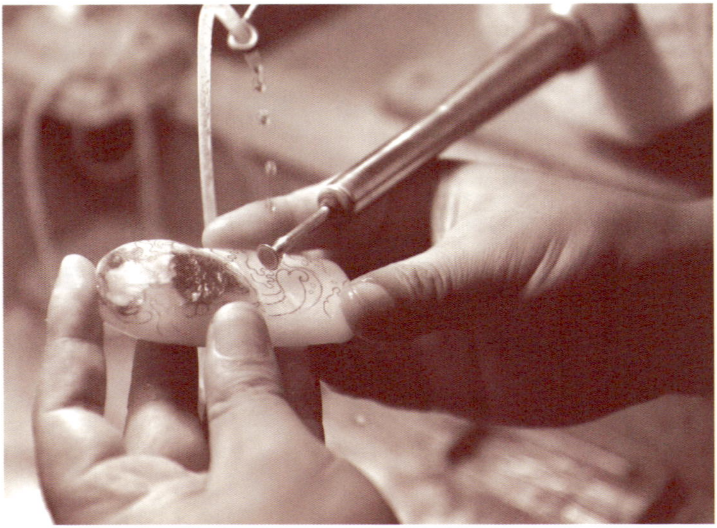

册给我看。画册的题目是九十多岁的吴门画派传承人、花鸟画家张继馨老先生起的，叫“清欢一叶”。翻开画册，就看见一张叶青手托烟斗的照片，我忍俊不禁。应该说，画册的策划是动了一番脑筋的，配上了文艺风格的宣传文字，照片大多是叶青和一些“大朋友”的交流场面：画家和手艺人，好些是比他大20多岁的，有些还是我十分熟悉的朋友。看着小伙子身着中装、戴着白围巾、仰着脑袋的可爱模样，真心忍不住要笑。实话说，常看见年长的人装“嫩”，娃娃脸的可爱的年轻人扮老、扮深沉的，倒不多见。

这也难怪，他的作品是以和田籽料雕刻传统花鸟题材为主，受众都是50岁以上的年龄段，既要了解喜爱传统文化，又要有一定的消费能力。2018年，和田籽料的价格比2017年又涨了三四成。所以在创作上，他除了主做和田玉，也开始用碧玉、墨玉做茶器和香器，以适应人们对茶道和香道的爱好。他的一套文房11件：笔筒、印章、笔舔、毛笔、搁笔、镇纸、笔洗、印泥盒、墨盒、印台、笔架，曾经卖出400万人民币。所以，这位不善言辞的小伙子，一再提到一个词“圈子”。他的客户遍及全国各地，各个阶层都有，年龄大多在50岁以上，就是一个“圈子”。他的销售模式总体还是走的代理人拿货的传统路子。他认为，

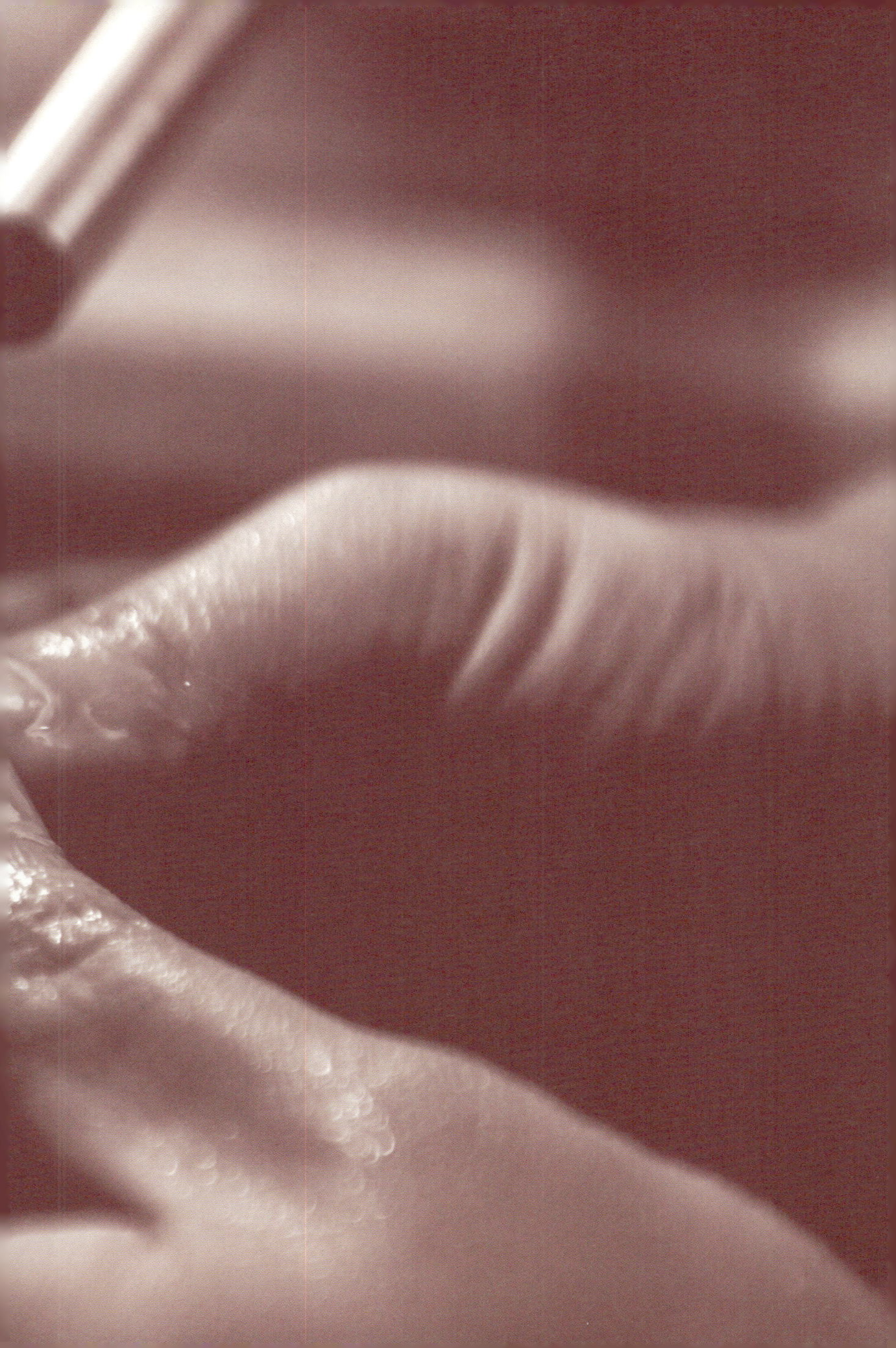

现在不再是过去的市场概念了，理念不一样，市场面临洗牌的时候，自己就要做得精致一点、慢一点，材料把握好，东西一定要做好。

我问他对学院派的玉石雕刻怎么看。他认为，学院派以后会大发展，因为他们思路创新。但是他同时也认为，太夸张了也不好，目前市场还是以传统为主。

采访之前，他就跟我说，他不会说话。他的工作室里摆满了金奖、银奖等各种奖杯奖牌，画册上也写了好多衔头，他确实言语不多，有想法都体现在“东西”上了。

李公堤三期的工作室共三层，700 多个平方，二楼、三楼 20 多个工人在琢玉。一年 50 万的房租，对他来说不是问题。2017 年他还得到了圆融集团 18 万元的专项资助。这一带慢慢聚集了刺绣、核雕、砖雕等一系列手工艺门类，已渐渐形成氛围。其实，手工艺品的销售，本来就是熟客、回头客的生意，不太依赖过路客跑量的，所以，自会有人找上门来，酒香不怕巷子深。

第九章　穿越亿万年

俗话说的“千年琥珀,万年蜜蜡”是不确切的,科学研究证实,琥珀出现于白垩纪早期,历史已有一亿年左右。古人以为,琥珀是老虎流下的眼泪,其实,它是松脂滴落成的化石,穿越亿万年的时光,来到今天,来到我们身边。

琥珀蜜蜡被用作雕刻材料,古已有之。上一章已提到过,明代雕刻名家贺四、刘谂、王小溪、陆子冈等人,就用白玉、琥珀、水晶、玛瑙等材料雕琢小物件。不过 1949 年之后,苏州国营工厂没有专做琥珀蜜蜡雕刻的。琥珀蜜蜡雕刻,广州工比较流行。苏作的琥珀蜜蜡雕参与的人多起来,还是近年来的事。2017 年 5 月份,苏州玉雕协会成立琥珀蜜蜡专委会,也算是琥珀蜜蜡这个门类在苏作中得到官方认可的标志。

其实,本地做琥珀蜜蜡雕刻的人,不少都是从竹刻、玉雕转向的。比较直接的原因,就是白玉料价格涨幅太大,一般人无法承受。市场也已经从卖方市场变成买方市场。新玉比老玉贵,真正的好东西往往有价无市。经过一轮轮的洗牌,很多做玉卖玉的企业难以为继,只得转行做其他生意。而从这些私人企业里出来的设计师、雕刻师,一技在身,才华难以施展,不管是偶然还是注定,他们不约而同把目光投向琥珀蜜蜡雕刻。

琥珀蜜蜡作为不可再生的有机宝石,加上有益身体健康的药用养生效果，具有收藏价值，如今越来越受到消费者青睐，以致有些人利欲熏心，动足歪脑筋，十八般“武艺”齐上阵，优化、烤色、水煮、镀膜、粉末压制……制假技术登峰造极，蜜蜡更成为造假重灾区，甚至严重到烤色炉因为日夜不停地加工，引发高温爆炸事故。

但是，乱象之中必有清流。总有人不愿意做昧良心的事，坚持自己，坚持纯天然的原汁原味。小黄就是其中的一个。她的作品，从原石到设计稿到成品，自己的雕工都一一用图片记载，她对自己的要求就是绝对不卖所谓的“二代蜜”。

1982 年出生的光福人小黄，1998 年进入吴县职业高级中学学习美术。这拨人，三年后，一部分去读高复班，一部分人去了电子厂、广告公司实习，还有一部分人去学动画。小黄被苏州的一家台企动画公司录取，2001—2003 年，一直在这家公司画动画。小姑娘单身在外，父母不放心，所以 2004 年她回到光福，先为刺绣画稿，后来正式拜师学玉雕设计，跟了师父做了整整十年。这十年一直在光福，小黄想到外面去闯闯，所以就去苏州的十全街继续做玉雕设计师。玉雕设计师一直是紧缺人才，工资高达每月两万五千元。只是，打工只能为老板设计，只能跟着市场走，并且天天加班。2015 年开始，和田玉生意开始

2018 年 3 月摄于光福舟山村

本地做琥珀蜜蜡雕刻的人，不少都是从竹刻、玉雕转向的。小黄的作品，从原石到设计稿到成品，自己的雕工都一一用图片记载，她对自己的要求就是绝对不卖所谓的“二代蜜”，原汁原味纯天然。

走下坡路。在此期间，小黄接触了琥珀蜜蜡设计，决定到东渚去。虽然东渚的工资每个月只有一万五千元，但是她决定给自己一年时间，试试把玉雕、核雕技艺，用在琥珀蜜蜡上。材质不同，蜜蜡要比玉软得多，用刀容易崩，需要用软管机雕刻。上机器，用玉雕机可以，用核雕刀不行。打牛鼻眼时，掌握不好就特别容易打裂。特别是抛光打磨，和玉雕完全不一样，需要抛光粉，400 目、600 目、2500 目、3000 目、5000 目甚至 7000 目的砂纸都会用到。

到东渚后不久，厂里情况越来越不好了，工人和老板产生了矛盾，一个个都被老板“放假”了。小黄是最后一个被“放假”的，因为厂里工资实在发不出了。回到家后，小黄十分失落，流下了眼泪。想想自己以前每个月挣两万多，作为设计师，是到处受欢迎的“香饽饽”，怎么就沦落到失业的地步呢？虽然光福的师傅和苏州的老板知道她的情况后，一直想叫她回去，但是，她思来想去，还是决定自己创业。

小黄父母都是普通人，没有什么背景。父亲开推土机、做养护，母亲种菜，都是善良老实的农民，他们极力反对女儿自己创业，觉得还是打工保险。但是，看上去文静听话的小黄，还是很有自己主见的，她了解了国外原材料的情况，吃准了蜜蜡一定会上涨。第一次就出手进了几万元货,做了橱柜,先在家里陈列,亲戚朋友口口相传,也对她的设计给了很多的鼓励。广州的琥珀蜜蜡雕刻,多半是纯流水线作业,分工细致。但是她从买料、磨料、设计,到雕刻,都是一个人完成。这有效避免了设计师与雕刻师之间的协调磨合环节,更可以对选料、题材、瑕疵的规避做出合理的研判,不需要为工人的理解力和自己的设计理念的沟通再费思量。当然,一开始进料,肯定会吃亏上当交学费。自从加盟乌克兰直接进货渠道后,她就开始有针对性地挑最好最精的原料了。

2015 年 5 月,小黄终于在舟山村的吴工坊创办了兰艺琥珀工作室。两年多过去了,工作室也从吴工坊搬到了舟山村的街边。在国外,琥珀很少有雕工的,只有镶嵌。除了镶嵌首饰,还有用做磨牙棒的。小黄运用了她在玉雕设计方面的灵感和经验,在仿古、花草图案设计领域,有她自己独到的领悟。在琥珀蜜蜡假货横行、泛滥成灾的今天,小黄说:“我坚持我自己,永远只卖原创、纯天然的东西。原汁原味,又与众不同。”

我仔细看过她留存的很多设计图纸,可能源于过去为老板设计“行货”的经验,很多团案都偏向传统,讨口彩,寓意明显。我建议她多看看老琥珀的雕工,去博物馆看看过去是皇

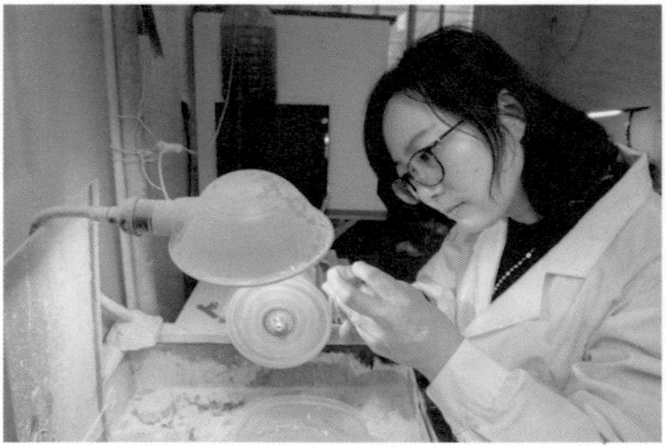

家收藏的明清老东西，相信在今后的创作中，她会得到一定的启发。

第十章

砚田种月

鸡年除夕，看到春生发来一张老照片，“翻到一张旧照，顿觉岁月静好。罗丹说，工作本应看作是我们生存的理由和我们的幸福，但在现代社会中，艺术家，真正的艺术家，可以说是唯一能够愉快地从事自己职业的人。这大概是工匠精神的最佳诠释了。”这位曾租住在我家老屋一带，有天经过时天气晴好，我看到他不疾不徐在雕刻时光，不禁想起上世纪八十年代村子里尽是这般工作状态。从前的时光慢，从前的村子也是回不去了……

很久之前便知道报社有位蔡春生，是做砚台的大师蔡金兴的儿子。我也曾随相关部门去蔡金兴工作室调研过，也曾看见我一个同在政协的朋友，把蔡大师做的筛子砚从怀里摸出来给我们大家观赏时，那副喜滋滋的神情。但是真正和春生发生交集，互换名片，时间倒不是很长。说来也奇怪，我对这位 1981 年出生的“砚二代”，没有一点陌生感。当我准备动笔写这本书时，自然而然就想到了他。在写这本书的同时，我正在为单位策划一个“年轻人说老手艺”的全民艺术普及慕课课程，我挑了十位“八〇后”“九〇后”年轻人，讲一讲他们上辈和自己正在从事的这门老手艺的心得，我对他们的要求不低，必须在十几分钟之内，说清楚概念、历史、鉴赏，还要举例。这十位年轻人文化水平参差不齐，个性也大相径庭，虽然最后会由我统稿修改，但我一直坚持要他们自己先出初稿。就是为了让他们全程参与，不是表演，而是亲力亲为，说出来的话都是经过他们自己的思考，总结出来的切身体会。课件需要一个范本，我第一个也是想到了春生，他1999年从南师大毕业之后在报社工作多年，文化记者的文字功夫放在那里，没有哪一个比他更合适了。春生写过很多关于砚台的文字，特别对于本地臈村石砚的研究非常有心得，无奈多次被人抄袭剽窃，很多文字他都不愿意拿出来了。春生是个老实人，心里憋闷，也不怎么说的。其实，他是个很有思路的人，一旦打开话匣子，关于砚台，他有很多话可以说给你听。

“砚台是什么？这在古代不是一个问题，但今天很多人确实有这个疑问。汉代刘熙《释名》中解释：‘砚者，研也，可研墨使和濡也。’就是说，砚台是一种研墨的工具，是中国古人尤其是文人，案头朝夕相伴的器物，它被赋予了更多文化层面、美学层面的意义。砚台的审美，包括材料的审美、工艺的审美、以及附加的文化延伸。

“砚台的本质，是用来研墨的，就像手机的形状和设计可以千变万化，但最终是个通讯工具。砚台的研磨效果，取决于材

质的好坏。铜铁金属，白玉翡翠，玛瑙水晶，砗磲蚌壳，紫檀红木，陶瓷紫砂，都有做成砚台的。不过这些大多是猎奇，砚台真正的主流材质，是石头。

“曾经用来做砚台的石头，在全国有百种以上，但古人比较认同的优质石材，是广东肇庆的端石、古徽州婺源的龙尾山歙石、甘肃临洮的洮河石、山东青州的红丝石、江苏苏州的臁村石等二三十种。古人对砚石是十分讲究的，绝不将就，即便同一种端石，也分成了老坑、坑仔岩、麻子坑、宋坑、朝天岩、梅花坑等，这就像和田玉分成籽料、山料、山流水一样。但砚石比玉石的花样更多，因为全中国文人都要用砚台，文人是最讲情趣的，他们把砚石上一些天然的纹理、颜色称为石品，并且给这些石品起了好听的名字，比如蕉叶白、鱼脑冻、天青等，都十分形象而且文雅。有的端石有圆圆的眼，称作鸲鹆眼，即八哥的眼睛，石眼有的亮丽，有的灰暗；有的层次丰富，有的缺乏层次，品级都不一样。同样的，歙石也分成很多坑口，很多石品，像眉纹、罗纹、金星、鱼子等。苏州的臁村石也有鳝鱼黄、虾头红、蟹壳青等石品。文人给砚石起这么多名字，就像给自家孩子起名字一样，可见大家对砚石的感情有多深！以上，我们讲的是石材的审美。

“中国砚台历史悠久，砚台在各个时期有不同的造型，在各个地区也形成了不同的雕刻流派，比如广作、徽作、苏作等。清代的顾二娘家族，就是苏派砚雕的代表。

“清代早期的顾家，三代制砚，声名远播。第一代叫顾德邻，人称‘顾道人’，读书未成工琢砚，他制作的砚台古朴雅致，其他人‘虽抚而仿之’，还是达不到这个水准。顾道人儿子去世早，手艺就传给了儿媳，人称顾二娘，结果顾二娘名声更响，青出于蓝。所谓士、农、工、商，古代工匠地位不高，但当时很多文人都在笔记里记录了顾二娘的故事，给顾二娘写了很多诗，一个工匠能被这么多人传颂是非常罕见的，这份待遇甚至超过了治玉大师陆子冈。顾二娘也没儿子，有个继子叫顾公望，也继承了技艺，他曾在宫中给皇帝制砚台。

“砚台常被分为花活和素活。这两者的审美是有所区别的，雕花砚台主要是看雕刻技术对题材的表现力，素砚则是一门造型艺术，体现了作者的塑形功力和审美意识。比如这一方砚，线条挺拔、弧度优美、刚柔并济，题材十分文雅，传达文人气质。

“今天的人们，尤其年轻人对砚台是很陌生了，但古代，像苏东坡、米芾、金农、高凤翰、纪晓岚甚至乾隆皇帝这些文人和书画爱好者，都爱砚如痴。可以说砚台的意义，远远超出了实用本身。民国大总统徐世昌的弟弟徐世章收藏了很多砚台，他说自己花在买砚台上的钱，如果买钻石可以买一箩筐。他说之所以收藏砚台，“不独以砚材之极美，刻工之精细，而在充分表现其人之心灵、意境、节操、哲理、情绪、诗意等，形之于砚。”砚台在中国文人心中的地位，是永远无法取代的。正因为砚台是中国文明的重要载体，所以它是必须得到传承和重视的非物质文化遗产。”

春生出生在吴中区藏书镇，从小就常常看见父亲蔡金兴在家刻砚台，印象最深的是，家里所有人都睡着了，父亲还在烛光下做砚台。因为白天要在村办厂里做砚台，想要干点私活，只能下班后晚上做。原来，父亲做的都是学生用的实用砚台，后来，接触了文物商店的老先生，学到了很多真本事，开始做观赏砚、仿古砚，有时还雕茶壶。

春生从小对美术感兴趣，喜欢连环画，最喜欢画人物，孙悟空、猪八戒画得最好，七八岁时，每天要交一张画给父亲打分。到初中，自己也试着做了两个砚台玩儿。随着年龄慢慢增长，春生也渐渐迷上了收藏古砚，他对传统研究很深，也广泛涉猎中外艺术。这些年他学雕塑，也学木版年画，还一直想写一部把工艺的内涵加入创作的小说。他在收藏过程中不断学习，在学习过程中不断研究，并得出了自己的结论：腰村石砚不等同于澄泥砚。上个世纪八十年代，日本收藏家特意到苏州来实地考察，也提出过这个观点。

最早的腰村石砚（又称澄泥石砚）汉代就有了，当时的苏州灵岩山就叫砚石山。唐宋时期，澄泥砚比较多，其实那是一种取自河泥烧制的陶砚，不是石砚。腰村石砚和澄泥砚混淆，由来已久，从古到今，都是因为文人的误判。以至于蟹壳青、鳝鱼黄、虾头红等腰村石的品种特色，也被人误会到澄泥瓦砚上。无论是《高凤翰砚史》中的文人藏砚，还是《西清砚谱》中的宫廷藏砚，乃至近现代民间人士的藏品中，将腰村石砚当成澄泥砚的现象比比皆是。由于这个现象长期存在，腰村石砚在砚史中的地位一直没有得到重视。为此春生还写了相关论文，参加了 2015 年上海博物馆为配合“惟砚作田”展览举办的“砚学与砚艺学术研讨会”。

其实就在 1949 年之前，砚台已经衰落了，人们已经习惯用墨盒了。晚清，人们对于文房四宝的追求就已经不能和古人相比了，古人对于砚台的使用功能、艺术含量要求很高。古代文人写砚台的诗很多，清代的高凤翰收藏了几千方砚台，做成拓片，编写成《砚史》。清代太仓的王子若翻刻各种拓片，准备刻一百方砚，刻到五十多方时，就去世了。春生说，在传世藏品中，宋、明、清几代工匠，造型、雕工一一呈现，砚台承载的东西很多，文人参与度很高，格调很雅，铭文寄托了思想感情，既有记事，又有赞颂。

四大名砚中的广作端砚，取端石最好的坑口，洞口在江水下面 80 多米，过去，每年必须在特定的时间段，由当地政府出面，总体协调抽水采石事宜，需要大量人力物力的支持，即便如此郑重，也常常会出现采石工人伤亡事故，因此洞口早已被封禁，禁止采料了。存世料少，少就贵，还往往有瑕疵，所以雕刻常随形，以写实的瓜果为多。徽作歙砚，石质最硬，所以一般线条硬朗、尖锐；苏作朧村砚则柔和雅致，简练含蓄，线条弧度安排比较到位、协调，挺拔，和苏作家具线条吻合，做工考究。

十多年前，以江西人为主的几百名外地人在藏书镇做石雕、石砚、石壶，近年来，做的人急剧减少，都改行去做核雕、玉雕了，因为相对而言，核雕玉雕收益更多也更快。砚雕目前还做不到完全机刻，很辛苦。粉尘对人体的伤害也是不容忽视的，春生的父亲就患有轻度的矽肺了，这是职业病。

看了几件春生的砚雕作品，有成功的，也有失败的。总体上，他是有追求的，看多了古砚，在自己的创作上，就有了自己的想法。画意与淳朴感并存，唯一性、文人性、当代性相结合，尊重石头原来的形，找到每块石头的特点，凸显它的审美。

因为感冒引起的咳嗽连日未好，春生沏茶时一边说话，一边轻咳，毛衣上还粘着羽绒外套上钻出来的羽毛。这个性情温和的小伙子，肚子里是有货的，但是他很谦逊，和他父亲一样，为人处世比较低调。

2018 年 3 月 9 日，我们市民协召开主席团会议，其中有个议程，就是由协会推荐三位民间艺人作为 2018 年度市文联重点宣传的中青年文艺家，春生就在其中。当天晚上设计师问我要他的图片作排版之用，因为我约了下一周去藏书镇他父亲工作室拍他的工作照，所以让他先发几张手头的照片给设计师。然后，他告诉我，就在那一天他递交了辞呈，正式辞职，今后专门从事砚雕了。天啊，真是太巧了。之前我采访他时他没有说起过这个打算，才过了不到两个月，居然毅然辞掉了从事了十五年的报社记者工作，真是值得书上一笔。

2018 年 3 月 15 日，春生载我们去藏书镇父亲的工作室拍照。工作室“慧石居”三个字是崔护老先生题的，工作室四壁还挂了不少名家书画，门楣上有瓦翁的字。砚台本来是文房之物，和书画家结缘也是非常自然的事情。我坐在小方桌旁和春

2018 年 3 月摄于木渎

图为父亲正手把手调整春生的磨刀姿势。拍摄工作在父子俩的配合下，顺利完成。送我们回去的路上，说起辞职的事，他说："单位实在太忙了，下了夜班，到家最晚都凌晨一点了，可是，自己放不下想要做的事，仍然坚持雕刻砚台，常常不知不觉做到天亮。我真的太喜欢做这件事了，所以，我必须辞职。"

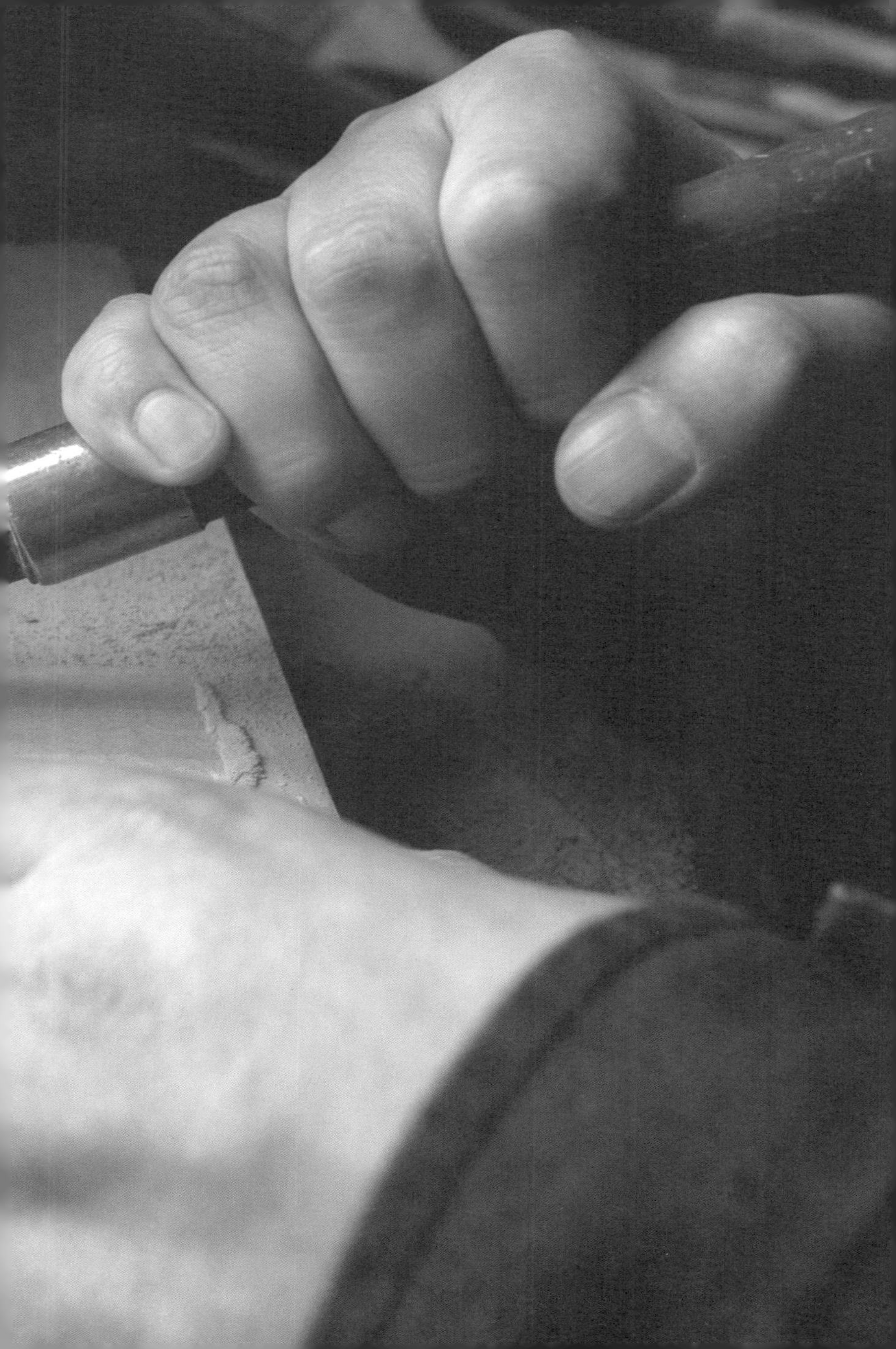

生说话，桌上正好有一方鳝鱼黄朦村石砚，我的左手下意识搁在砚池中。正对面就是崔护的一幅《东坡先生品砚图》，画面清雅，人物开相生动。我不自觉地用掌心一遍又一遍摩挲石砚，说了一句苏州话的形容词："冰冰窨，滴滴滑。"春生笑了："用词准确。"

我们去善人桥村的老屋子里看石头。雨停了，墙外一棵树上，喜鹊正在忙碌地衔枝筑巢。老屋里一间一间的原料石头，真好。春生父亲很积极地"导演"拍摄工作，如数家珍地向我们展示老工具：大锯子、凿子、铁榔头、木锤子……还有他自己做过的木匠活。他说，老屋这里主要是进行石头初级加工，俗称"抄坯"，藏书街上的工作室，在著名的老字号羊肉店"老庆泰"的隔壁，那里主要进行雕琢和打磨工作。

拍摄工作在父子俩的配合下，顺利完成。回去的路上，我们又说起辞职的事。春生说，单位实在太忙了，下了夜班，到家最晚都凌晨一点了，可是，自己放不下想要做的事，仍然坚持雕刻砚台，常常不知不觉做到天亮。他说："我真的太喜欢做砚台了，所以，我必须辞职。"

第十一章

一炉香

我国的青铜器制作始于殷商时期。鼎彝乃国之重器,事关国家命运,所以自古以来,夺取政权,改朝换代,直接就以逐鹿问鼎指代。古铜器因为稀世珍贵,后世作伪者非常之多,汉代就有史书记载此事。古铜器仿制技术到宋代水平已很高。宣德炉是明代宫廷制作的焚香铜炉,因为太过出名,后世仿造者层出不穷。

仿古铜器的铸法,一是合模法,一是剥蜡法。合模法就是先将铜器翻成两爿,再焊接成整器。剥蜡法为古法,工序分刻样板、捏坯形、贴蜡(剥蜡)、敷泥型、浇铸、修整、接色、装潢八个主要步骤。

这个剥蜡古法曾经失传多年,后来被一个叫陈巧生的制炉大师恢复出来,他做的巧生炉,目前在全国都很有名。

本来巧生炉是没有名款的,10年前决定落款,是因为有很多人拿着巧生做的炉来巧生工作室鉴定。市面上出现了明宣德京城造办处的陈巧生大师、明末清初的陈巧生、清中期的陈巧生、民国的陈巧生……等等江湖传说。做炉的要有德啊!所以,大师决定开始落巧生款。

这是巧生的儿子冠臻告诉我的。1986年出生的冠臻少年老成,虽然在一些场合,我们也有过一些交集,但一直没有交谈过，他给我的印象比较沉默寡言。后来才发现，这小伙子思路其实很活跃，他很有想法的。

冠臻的祖爷爷是光绪年间的铜匠，那时候的铜匠，主要生产民用器具，汤婆子、手炉、脚炉啥的。冠臻父亲除了做生活用品，还擅长做佛像和铜炉。经过大炼钢铁和“破四旧”运动，很多东西都被熔化了。冠臻说，古人称铜为吉金，再不抢救，这种文化要断了。现在，想恢复古代的东西，只能靠图片、书籍和回忆。很多实物，民间已经找不到了。我去相城区巧生炉博物馆找他那天，还未坐下，他就邀请我去一个虚掩着门的展厅。他说这里刚刚弄好，不打算对外开放，这里陈列的一百多尊铜佛像，都是父亲历经磨难，好不容易保留下来的，都是上个世纪六十年代父亲的杰作。他一边给我介绍，一边叮嘱跟进来的他的朋友们，不要拍照不要发朋友圈。

明代文震亨《长物志》十二卷中的最后一卷“香茗”，说到了香、茗，也说到了香炉。

“香、茗之用，其利最溥。物外高隐，坐语道德，可以清心悦神；初阳薄暝，兴味萧骚，可以畅怀舒啸；晴窗拓帖，挥麈闲吟，篝灯夜读，可以远辟睡魔；青衣红袖，密语谈私，可以助情热意；坐雨闭窗，饭余散步，可以遣寂除烦；醉筵醒客，夜语蓬窗，长啸

空楼，冰弦戛指，可以佐欢解渴。品之最优者，以沉香、岕茶为首，第焚煮有法，必贞夫韵士乃能究心耳。”

“古人鼎彝，俱有底盖，今人以木为之。乌木者最上，紫檀、花梨俱可，忌菱花、葵花诸俗式。炉顶以宋玉帽顶及角端海兽诸样，随炉大小配之，玛瑙水晶之属，旧者亦可用。”

其实，文震亨的这段描述，是从屠隆的《香笺》移花接木而来。

“香之为用，其利最溥。物外高隐，坐语道德，焚之可以清心悦神。四更残月，兴味萧骚，焚之可以畅怀舒啸。晴窗塌帖，挥尘闲吟，温灯夜读，焚以远辟睡魔。谓古伴月可也。红袖在侧，秘语谈私，执手拥炉，焚以熏心热意。谓古助情可也。坐雨闭窗，午睡初足，就案学书，啜茗味淡，一炉初热，香霭馥馥撩人。更宜醉筵醒客，皓月清宵，冰弦曳指，长啸空楼，苍山极目，未残炉热，香雾隐隐绕帘。又可祛邪辟秽，随其所适，无施不可。”

古人的心目中，用香首先是道德修养的需求。《尚书》上说，“至治馨香，感于神明，黍稷非馨，明德惟馨。”说的就是用香在精神层面的追求。焚香抚琴，以香伴读，濡养身心、祛疫辟秽，不是附庸风雅，而是精神高洁、生活精致的情趣。谈玄论道、吟诗作赋、挥毫泼墨……都离不开一炉馨香。香炉烟起，是古代

文人常见的生活方式。因此，香炉的需求很旺盛。

冠臻从小生活在父亲做铜器的环境中，耳濡目染，父亲经常琢磨工艺，想啊想，突然半夜爬起来做活。冠臻小时候的玩具，就是石膏和蜡。无聊时，就用刀在蜡模上挖个洞。不知道砸坏了多少石膏母本，为此挨了父亲好多揍。

高中毕业之后，冠臻就跟着老爷子开始干活了。17 岁就开始跑古玩城，骑着自行车去文庙卖东西。因为年轻，也不知深浅，早晨五点就出发，想去占个好位置。他不知道文庙的好摊位都是被外地人长期包的。他到了文庙，箱子放下，打开就卖。结果和外地人打起来，只好跑到角落里去卖。还别说，年纪小，东西还卖得不便宜。一个炉子少于 400 元是不肯卖的。每个周末，倒也可以挣个两三千元。后来，就开始去上海城隍庙藏宝楼古玩市场卖货。每天坐绿皮火车到上海，再乘着电车，提着箱子到藏宝楼三楼。冠臻说，跑上海也很辛苦的，有时候，父亲背着一蛇皮袋香炉去坐绿皮火车，还会被车站工作人员拦住，“啊？一袋子大明宣德年底款的香炉！这是贩卖文物！”父亲一再解释，“这是我自己做的仿古铜炉，不是文物呀！”没有人信。“不行，你得到居委会去打证明，我们才能相信这是你自己做的！”唉。

当时刚起步，品种有限，冠臻和父亲就开始大量找资料。2003 年巧生炉文化有限公司成立，开始以出作品为主。现在，全国做香炉的已有几百家，大家公认巧生炉已然做到了领头羊的地位。公司也挂牌了铜炉文化研究院和香文化研究院。陈巧生也荣膺江苏省级非遗传承人。即便市面上巧生炉被很多人仿，但是，冶炼配方不同，也只能仿个型，仿型只要用硅胶驳样或 3D 打印，很容易就可以做到，而皮色、细工仿不了。

目前，巧生炉有大红袍、藏金、紫金、古铜色、蟹壳青、黑漆古等十一二种皮色。铜质不同，皮色不同。原材料无非是电解铜、红铜（紫铜）。所谓黄铜，有三种，最便宜的是紫铜加锌，紫铜加锡是用得比较多的，比较贵的就是紫铜加纯银。所谓“663”，就是原材料占六，锡占六，锌占三。2000 年左右，还有铜包铅、铜包铁的，貌似很重，很压手，其实是最便宜的。

冠臻给我看了一段父亲做至尊熏香炉的视频，用的材料是两根 50 克的金条、1 千克纯银。这只炉子真品在英国私人收藏家手里。冠臻看见图片后决定要仿制。上手后，感觉不对。旁观的老爷子说，我来试试。老爷子用了两年时间，于 2017 年下半年终于完成。2017 年冠臻去北京，机缘巧合，得到一本《异云》杂志，看见了从来没有见过的一款香炉，古铜色皮壳，雕

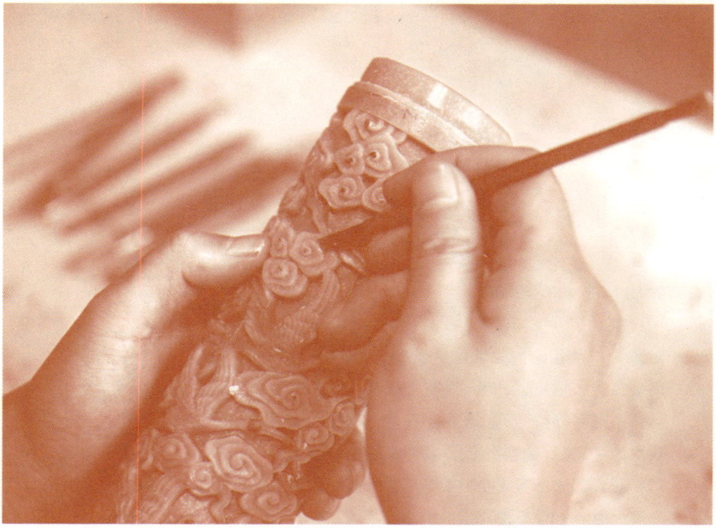

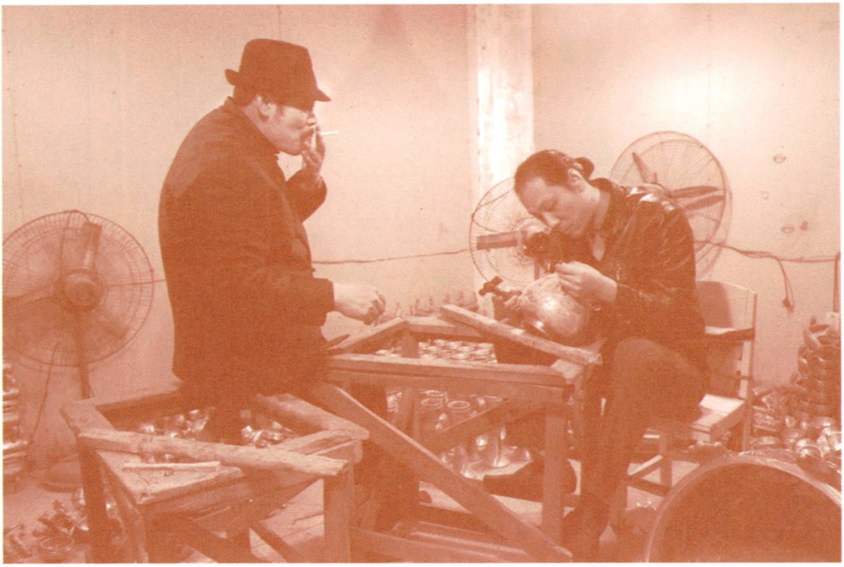

2018 年 3 月阳澄湖镇

冠臻说："老祖宗的生活才是最有文化的生活，创造出世人欣赏的东西，很有成就感。文人生活离不开香，离不开香，就离不开炉。现代人以实用为主，焚香喝茶操琴。"我们去巧生炉的工厂拍照，真巧，那天是 2018 年开春第一炉。熊熊炉火里，是 1000 度高温的铜水在冶炼。

龙，大明宣德年制，满工双龙戏珠。冠臻说，2018 年，他将挑战这个炉。

对于展会和市场，年轻的冠臻，有着他自己的思考。他说，苏州本地人玩的是衣食住行，但从来不买自己的东西。比如，玉雕只会做，自己从来不买也不玩。他回顾了 2014—2017 年 4 年参加苏州“艺博杯”展会的经历。4 次主办方都给他们的是免费的摊位，销售的真实情况是这样的：2014 年，一只也没卖掉，销售额为零；2015 年，只卖掉一只，售价 2500 元；2016 年，卖了十多万元；2017 年，销售额是两万多元。冠臻认为，单一的展陈形式有限，早已无法吸引眼球，靠展会也无法进行有效的销售。他决定，2018 年的深圳文博会，将开始做文化空间。他说：“老祖宗的生活才是最有文化的生活，创造出世人欣赏的东西，很有成就感。文人生活离不开香，离不开香，就离不开炉。现代人以实用为主，焚香喝茶操琴。我做的集合体这个空间，不要杂，就强调文化因素，比如书房里，就是书柜，条案（条案上放上巧生炉），书桌（书桌上放笔墨纸砚、熏香炉、笔架等等），适当再有一些刺绣、瓷板画、花几（放花盆、瓷器）就可以了。”2018 年的中国新加坡文化交流活动，他也打算把这个空间搬过去做展示。他目前比较感兴趣的是设计文化创意产品。

比如和陕西历史博物馆及清华大学教授等合作，创作的“丝绸之路”“一带一路”“回眸”等文创产品，做得就比较成功。他自己比较满意的一件作品就是铜如意。他说：“传统的如意，无论什么材质，只是为了把玩，不实用的，就是摆设。我把这件作品做成了一件实用的香薰，连老头子都竖起了大拇指，称赞这是我设计得最好的作品。不用心，就不会被炉友认可，就是失败的作品。炉友要求越高，越逼着我自己，不断提升自己的能力。”

那天我们去巧生炉的工厂拍照，真巧，那天是 2018 年开春第一炉。熊熊炉火里，是 1000 度高温的铜水在冶炼。因为铁的熔点是 1600 度，所以铜水冶炼过程中，是用一根长长的铁棒来搅拌的。我看到炉火边工人两眼被烟火呛得不停流出眼泪，觉得做这门手艺真的是蛮辛苦。

第十二章

镂金象物艳于花

不知何故，每到一个博物馆，看到出土的金银器展示，我总是兴致盎然，一件件看过来，成色、工艺、款式总是看不够，感觉美不胜收。很多年前我曾写过一篇《银簪步摇钗头凤》的稿子，谈到美人满头青丝只需轻轻一挽，便是风姿绰约、风情万种了。只是这“一挽”里面少不得一样束发盘髻的重要东西，那就是先秦时称为“笄”的物事。古时候女十五“及笄”，男二十“冠礼”，成年了，就开始用笄了。形制上，单股笄称“簪”，双股笄称“钗”，笄称为簪钗是秦汉以后的事了。材质呢，也从最初的竹、木、玉、石、蚌、骨等材料，后来增添了玳瑁、犀角、琉璃、铜、金、银、翠羽等贵重材料。笄首垂珠坠饰就叫做“步摇”。步摇在汉代就很流行，魏晋南北朝时进入鼎盛。簪步摇的女子，发间花枝摇动，行动弱柳扶风，很是顾盼生姿。唐代以后，步摇多用金玉制凤鸟口衔串珠，是为“钗头凤”“凤头钗”也。自从实行花钗使用品级规定以后，分了高低贵贱，就更严肃。江山如画，佳人如梦。银簪步摇钗头凤，美人怎能不爱之惜之啊。

苏州城有一条剪金桥巷，现在还在，传说吴王夫差在此为西施“剪金钗买胭脂”，桥因此名，巷以桥名。

殷商时，我们就已开始冶炼黄金制作器皿了。春秋时期，就有用金银装饰在铜器上的“金银错”技法。汉代有金银步摇，六朝有镂金华胜，唐有金银平脱漆器。唐以后，金银器品种更多，工艺更佳。元代有个朱碧山，做的银蟹杯，古法已经失传。金银器，大件有银鼎、银杯、银瓶、银寿星、八仙等；中件有银盾、银台面（餐具）等；小件有戒指、镯头、耳环、项锁、帽花等。制作工艺分为：凿子、收挑、累丝、镶嵌、包金和镀金、套色、发蓝和点翠、压赤等各种。

镂金象物艳于花，乱花迷眼，光彩夺目。这门精巧的技艺，叫金银细作。

赖家父子的裁云居在西北街上，可是，如果没有人带领，你是找不到门的。因为，街面上根本就没有门。通往楼上的门，在一家扇子店挂满扇面的竹帘子后面。很别具一格，也一见难忘。二楼的工作室很小，窗前两个工作台并拢放着，一边是老赖，一边是小赖。父子二人天天面对面坐着，父子两人个性都很强，有时心平气和一起讨论，有时因为观点看法不同，也会争论。小赖做了一半的东西，会给老赖看看怎么样，父亲点评几句，又点拨两下。日子就在这小小的工作室里流逝。1983 年出生的赖杭宇，技校毕业，在工厂上了三年班，就跟随父亲学艺，转眼十来个年头啦。

父亲赖邦荣原来在恒孚银楼厂里工作。恒孚银楼始创于

清乾隆年间。1949 年后，金银由国家统一管理，金银细作艺人都转入医疗器械厂、无线电厂工作。当时国家缺少外汇，各类工艺厂陆续成立，茶叶、丝绸、手工艺品，成为给国家换取外汇的功臣。后来苏州成立了工艺美术厂（又名金属工艺厂），改革开放后，恢复了老字号恒孚银楼。1972 年，老赖进厂从事镶嵌工艺，由于喜欢收藏，结识了一批藏友，经常替藏友修旧东西，转向手工锤揲和錾刻。老赖说，首饰二字不是中国原创。古代金银饰品以足金为主。游牧民族以金银器物为主，因为他们居无定所，自然就把所有的财物都带在身上。难怪辽金时代金饰品如此厚重硕大，除了民风彪悍粗犷，原来还有财物随身带的意义。农耕民族就以穿饰为主。首饰概念，是唐代丝绸之路，由波斯人等胡人带来的。其实，唐代、辽代，很多饰品就是金箔银箔打成薄片、錾形，慢慢才演变出掐丝、珠宝、锤揲等多种工艺的。因为黄金白银的延展性很强，可以千变万化，所以，泥塑、木雕、石雕上都可以洒金，还有盘金盘银的丝绸。苏帮细作以案桌赏玩为主，房间装饰品就是小盆景，把园林浓缩，把大自然的山川移来家里欣赏。苏作小件，比不得宫廷里的大件华丽，它们精细小巧，放在书房里仅供观赏。过去婚房床帐上的发禄袋，还有印章、书镇以及佛堂用品、器皿（茶具、茶壶等），还有一

2018 年 2 月摄于西北街

赖家父子的裁云居在西北街上，如果没有人带领，你是找不到门的。因为，街面上根本就没有门。二楼的工作室很小，窗前两个工作台并拢放着，一边是老赖，一边是小赖。父子二人天天面对面坐着，两人个性都很强，有时心平气和一起讨论，有时因为观点看法不同，也会争论。小赖做了一半的东西，会给老赖看看怎么样，父亲点评几句，又点拨两下。日子就在这小小的工作室里流逝，小赖跟随父亲学艺，转眼十来个年头啦。

种专门喝人参汤的一手件(一握小壶),双层的,内金外银,錾镂空满花。还有,小姐、贵妇人房间桌面上的皂盒、脂粉盒、针线用具、旗袍扣子。小盆景属于扎花工艺,这个工艺还包括金银珠宝、戏剧头面、发簪等。1978 年在苏州瑞光塔发现的国家级文物,如今苏州博物馆的镇馆之宝,宋代珍珠舍利宝幢,融合了漆雕、檀香木雕、红木、玉器、珠宝(花丝)等等所有工艺,可谓苏帮金银细作集大成的代表作。

小赖不太愿意做首饰,作品以摆件、器皿件为主。现代首饰都是浇铸,慢慢被机器代替,同质化,手工根本做不过批量机器生产的。小赖说:“我现在主要以创意作品为主。做首饰体现不出自己的价值。目前不是以客户为主,而是以我为主。一直在创作,有新鲜感。创作会失败,无数次的失败,苦思冥想。所以我不是挣很多,但是我还要养家啊。我还是很清苦的。”

父子俩你一句,我一句,就像在说对口相声。这间小得除了两张工作台,再也放不下多余桌椅的工作间里,工作台上放满了工具、材料,我只得脱下外套折叠起来,垫在膝盖上,把本子放在外套上,才能完成我的记录工作。

老赖说:“面子要的,便宜不肯卖的。卖掉不舍得,不卖要吃饭。我们不愿意用机器。一般消费者只知道金银按克称。

我就对他们说，要买首饰去珠宝店，我是工艺品。我自己看着不满意的都要化掉、砸掉的。”

小赖说：“又要手工，又要机器价，怎么可能？所以，我们不挂牌。我总是劝人别买。珠宝店要拿货，都不卖。不值得。”

老赖说：“你把我的匾砸了，自己立，最好。好东西来源于生活，来自于大自然。苏作最好的东西，是把玩的，是非物质文化遗产，是收藏家、文人、匠人结合出来的至高无上的艺术品。收藏家有钱，又懂行。文人也懂。无论什么朝代，金银总是收藏者的首选，因为可以做货币。”

小赖说：“当今时代，金子价值很低的。我国是少金少银的国家。发现美洲后，明代的海外贸易把美洲的白银引入中国。”

老赖说：“现代人只要款式，新款。老款的首饰，都化掉了，真是社会的悲哀。苦行僧，只有有信仰的苦行僧式的手艺人，才做得出好东西，得真心喜欢。人寿很短，文化才要写在书上、画在墙上。人生的空格如何填满？开模具，失蜡浇铸，做我们这个，就是白痴了。有人试探我们是否换地方，钱怎么解决；也有人说，到我这里来吧。干活不要人知道，但做生意必须挂牌。鱼和熊掌不可兼得。我现在是在和时间赛跑，做点东西留给后人，告诉后人，什么是纯手工。我修复旧东西，每天夜里做到三点多钟才睡,早晨七点多钟就起来干活了。2009 年,我得了癌症,肺拿掉了一叶。所以,我会往死里做。生病之后,我发誓不做其他人的活,只做自己的活。活到老,学到老。喜欢就做,不喜欢不要勉强。我老父亲告诉过我,活着就要做自己最称心的事。”

说到这里,老赖有点激动,面颊都泛红了。

小赖不动声色地插了一句:“寂寞啊,赚不到钱。”

老赖说:“我在三十六中读书时看小说,读到一句话——人活着要有尊严,有了尊严才有自由。上班时,领导要提拔我,我不肯。我只想搞艺术。厂里的要求我不喜欢,就自己在家里做。厂子倒闭后,总算可以做自己喜欢做的了。”

小赖说:“要养家糊口的呀,面对家庭、老婆,说没赚到钱,心里矛盾。社会为何不公平?”

老赖说,摆件,实用器,首饰,他现在样样能做。做手艺想赚钱,要么剥削,要么偷工减料。过去,一副担子到人家家里,包吃包住,然后做活。现在都是流水线了。

小赖叹息道:“做了十年了,不改行了,学都学了。自己的性格不喜欢做销售,能糊口,只是来钱慢。长寿的人都是半饥半饱的,呵呵。比较欣慰的是,还能看见自己的东西,已经很满

足了。”

老赖说：“指尖上的绝活，有成就感。我们是‘地下工作者’，没门面，没招牌，没展示。”

小赖说，老法子，要改良。工具改良，方法保留。

老赖说，手艺、工序不能改。

小赖说，工业革命后，部分人工流程被工具替代了。比如，压片机压得更平，为何要手工敲得手疼呢？

老赖说，老手艺要传承。

小赖说，手工、人工是不可能便宜的。又便宜又好是不可能的。做手工艺是个加法。

老赖说：“我只卖藏家，不卖商家。”

小赖说：“快餐时代，不是你说了算。现在读书为了找一个旱涝保收的好工作，工艺美院学设计的学生，没有人报名学金银细作。”

老赖说：“为父母的脸面读书。”

小赖说：“盆景是我近来想做的东西。没有昆虫的盆景显得没有生气。雕银錾刻，錾刻是充分利用金属的延伸性。我现在尝试把铜雕的手法用在银雕上，铜雕做的是减法。金属雕花有各种方法，不要大众化。看这个！”

说到这里，他居然从腰里取下了一个皮带头，“这个是我自制的，1 美元银币，紫铜外圈。”有个性的匠人做的就是有苏州特色。那就是精细雅巧。苏作金银细工，以线条为主。花丝、抬錾（雕花）、锤揲、金属塑形这些工艺中，烧蓝、花丝镶嵌在北方，属于燕京八绝。抬錾锤揲在云南比较多，做银壶、香炉。云南的银壶、香炉比较大，不精致，以实用为主。首饰在工业革命之后，以雕蜡为主，批量满足大众，和创作作品不一样。锻造、焊接、失蜡铸造、镶嵌工艺，在广州、深圳水平比较高。我以为，做首饰永远是陪衬，买的人总是先看宝石，托子永远不是主角。制作工艺发生变化了，难以显出自己的水平和手艺。手工价高，大众市场难接受。金镶玉、老玉镶嵌设计，抄袭严重，也存在知识产权保护问题。

第十三章

秋风纨扇

吴趋坊的五爱巷是一条比较窄的弄堂,和古城区很多老弄堂一样,纵横交错的电线如蛛网一样,横七竖八地覆盖着弄堂上面窄窄的一线天空。五爱巷巷子口的墙头上长了一棵树,把瓦片都拱掉了,光秃秃的树枝交错于无数走向复杂的电线中。三月初春,乍暖还寒,风拂过脖子,还是有点冷的。走着走着,看见一扇木头门上一块蓝底白字的牌子,上书:苏州市控制保护建筑,织造局旧址。有个简单的保护范围示意图,还有一段简介:该建筑现存三进清代建筑,大厅面阔三间,进深八椽。楼厅面阔五间,加二厢,进深七椽,匾作雕花承重,有翻轩。一座砖雕门楼,门额“燕翼相承”为同治癸酉年(1873)洪钧题,另一座为“癸酉仲冬吴宝恕”题,已残。

“织造局,洪状元,楼上楼下,七进八进……”我站在紧闭的门前想了想,好有意思。苏州狭窄的小巷子里,这样的宅子其实很多的。只是,走过路过,你根本想象不到门内的庭院深深,你也无从知道这高墙里面曾经发生过的种种如烟往事。

走到“嗜闲居”的门外,按门铃,出来开门的,是一位名叫李晶的戴眼镜的小伙子。李晶出生于1986年谷雨时节,浙江嘉兴人,2013年春节之后就来到了苏州,那时候他还没从无锡江南大学设计系研究生毕业,当年的夏天,他才毕业。转眼他在苏州已经第五个年头了。这样迫不及待，只能说这个小伙子和苏州有缘。

小李小学时学过两年画画。本科读的是浙江大学城市学院工商管理专业，毕业后上了两天班，卖电脑，觉得没意思极了，但一时也找不到什么好工作。他有一位好朋友，一直想考江南大学设计系，两人就相约一起考研。

“我数学不好，设计专业不用考数学的，对英语的要求也不是很高，设计史之类的，我没问题的。所以我考上了，我的朋友没考上。”

这个桥段，和明星考艺校，正经想考的没考上，陪着玩儿的那个却考上了，如出一辙呢，呵呵。

“我父亲在热电厂做采购的，母亲原来在锅炉厂，工伤后就自己开了家毛衣店。我的手艺没有家传。我自己也不知道为什么，高中时就喜欢戏曲，大学时功课轻松点了，就参加学校社团活动，还一本正经去拜老师，跟浙江京剧团叶盛华老师学京剧，跟浙江昆剧院昆曲“世字辈”传人包世英学昆曲。那时候去老师家学戏，受到老一辈艺术家的言传身教，戏曲成为自己的精神寄托。所以，读研究生时我做的课题就叫《海派京剧服饰的研究》。苏州的戏剧服装制作是很有名的，戏装上有刺绣、

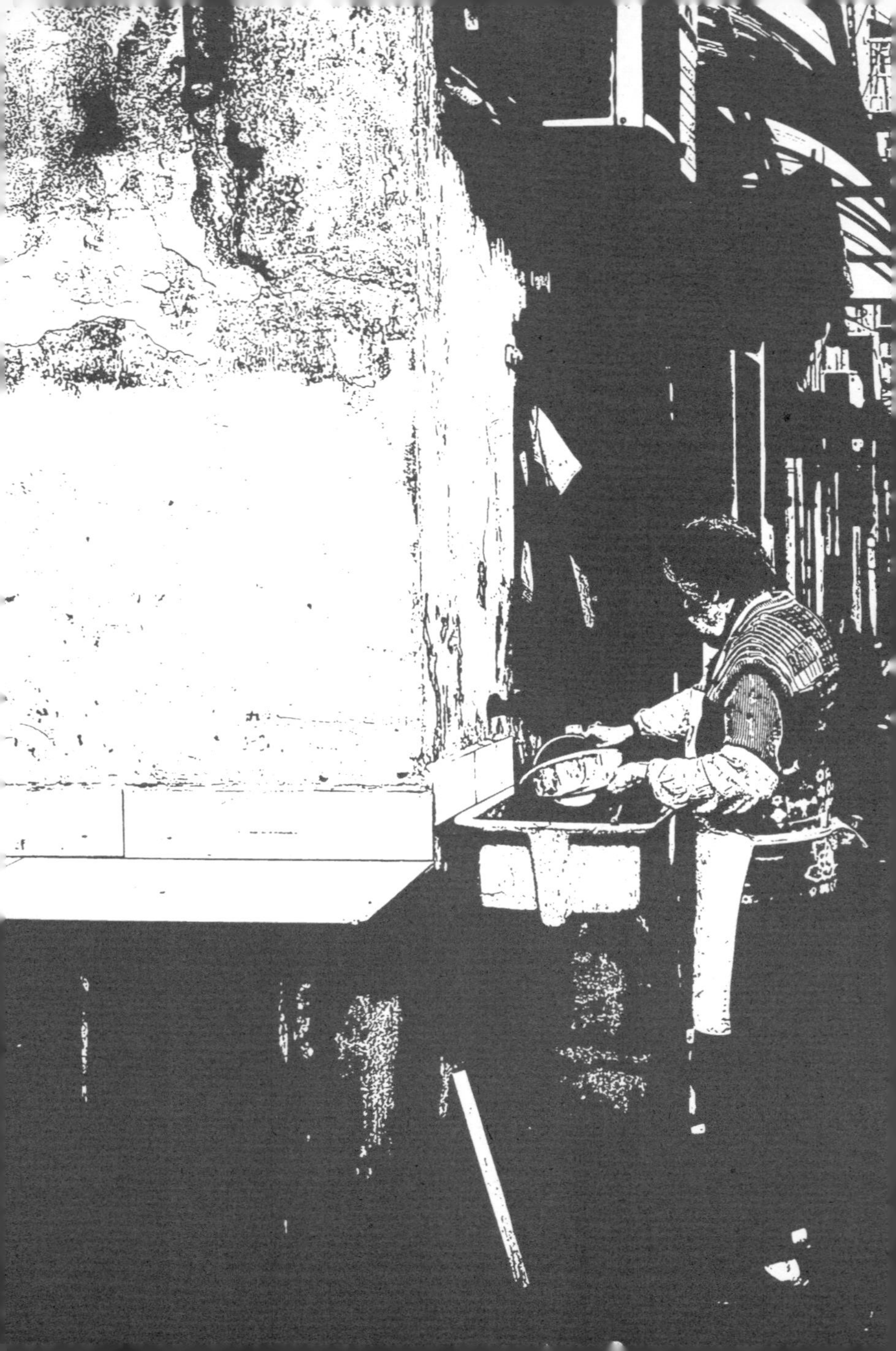

陌生电话勿轻信
天上不会掉馅饼
安全账户子虚有
转账汇款须谨慎
谨防电信诈
不转账不汇

头面等很多附加的工艺品，那时候，我每周都要到苏州来两次，无锡过来近嘛。在这个过程中，接触到团扇，发现没人做，就想自己做。于是开始了解团扇工艺，刺绣、缂丝、织物，再融入其他工艺。苏州是个很适合我的地方，所以，还没毕业，我就过来了。靠做团扇、古玩，我的收入比其他同学高，网上关注度也很高，就一直做下来了。前两年，花了两百多万，把五爱巷这个166平米的老房子买下来了。我喜欢古城区，当时这价钱也很合适。现在虽然我在博物馆附近又买了新房子，但是，等我有了钱，我还想买个古城区有院子的老房子。在苏州，还是有可能的。”

老绣片、老扇柄、老花片……一切可以利用的老东西，是李晶做团扇最喜欢的原料。烟枪、圆珠笔、印章、牛角、刀把手、银针筒、筷子、簪子……所有棍状物都可以做扇柄。缂丝、刺绣、手绘、绫罗绸缎，甚至染成云霞颜色的超薄彩色不锈钢板……都可以做扇面的面料。扇面和首饰，和金属雕刻，都可以组合。流苏上，加上竹木牙角，珊瑚玛瑙，翡翠玉石，所有你能想得到的材质，都能用。

前面我们说到的折扇，无论考证是从高丽还是日本传进中国，总之是舶来品，是从明朝永乐年间开始流传开来的。中国

2018 年 3 月摄于吴趋坊五爱巷

李晶是个外表文静，内心自信的年轻人。他说："手工艺品都是拿来卖的，不需要羞于启齿。赚更多的钱，才能去做自己想做的东西。最好的传承就是可以商业化，良性循环，手艺人才有希望。光靠宣传，太过于打'情怀'牌。我做得好，是因为机缘巧，当时没人做团扇，从业人少，压力就小。现代消费者，越来越看重设计。不是为了收藏、升值，而是为了喜欢。我只想在养活自己的前提下，把东西越做越好。"

本土的扇子，是团扇。团扇从扇面用料来说，又分绢面和纸面，深得闺中女子喜爱，因在宫中流行，俗称绢宫扇。纨是细绢的一种，所以又称纨扇。绢面扇多以绢、纱、罗蒙面，所以又称罗扇。团扇的起源没有确定的文献记载，汉代班婕妤有《纨扇歌》："新制齐纨素，皎洁如霜雪。裁作合欢扇，团圆似明月。"传说东晋王献之的爱妾桃叶作《团扇歌》："团扇复团扇，许持自障面。"宋代陆游有"吴中近事君知否，团扇家家画放翁"之句。到了元明两代，团扇由宫中传播到民间，文人雅士争相在扇面上赋诗作画。

过去制团扇，扇柄使用名贵的竹木牙角，并施以彩绘、雕刻、镶嵌、髹漆，还要在扇外边包象牙、玳瑁、湘妃竹、宋锦，做工考究，售价高昂。苏作绢宫扇，扇面以圆形为主，还有六角、海棠、长方、腰圆、钟离、铜镜、宫灯、金钟、鸡心、景花、朝式等多种式样。扇子本来是扇风纳凉用的，后来变成礼仪之物。团扇可以遮面，所以又叫便面。后来文人墨客在扇面上舞文弄墨，又变成艺术品。

茶桌上，放着一些小零碎，我看了一眼，以为是烧蓝饰品，小李说，是点翠。品相如此好的点翠老件，我还是第一次看见，只在银鎏金的反面，才看得出些许岁月的痕迹。因为环保的原因，人们已经不再拔翠鸟身上的羽毛做点翠饰品，这种工艺基本被烧蓝技术所取代。过去，翠鸟羽毛都是从国外进口的。小李说，他原来的梦想，是做珠宝设计师。后来做了团扇，其实也没有放弃首饰设计。他做团扇比较早，当时做的人还不是很多，而且他把现代设计元素应用到团扇上，镶金配银，甚至把首饰与扇面结合，别上去可以和扇子浑然一体，取下来可以当首饰戴在身上。他既做一般刺绣、缂丝扇面的行货，也做 1000 多元一米的高档面料的高级扇子。每把扇子便宜的卖一两千元，宫廷式可复制的价格可达两三万元，扇柄、流苏上极尽能事，镶上明代白玉，缀上清代翡翠，最高一把扇子，可以卖到 5 万元。所以，他每年的收入可达上百万元。

“手工艺品都是拿来卖的，不需要羞于启齿。非卖品自己欣赏，赚更多的钱，才能去做自己想做的东西。最好的传承就是可以商业化，良性循环，手艺人才有希望。光靠宣传，太过于打‘情怀’牌。我做得好，是因为机缘巧，当时没人做团扇，从业人少，压力就小。当然，受众也小。我做得早，创新理念也好。我每周出两款新品，至今做了几百个款式了，别人也抄不了。知道我的人，就会来买。如今借着自媒体的发展，我还和明星以及电影、电视行业开展合作，提高了知名度。关键的一点，还

是创新。现代消费者，越来越看重设计。从追求原材料的价值，到追求藏品本身的价值。也就是说，冲东西本身来买，而不是其他原因。不是为了收藏、升值，而是为了喜欢。所以我至今未落款，今后也许会做。我没有参加什么协会、组织。我只想在养活自己的前提下，把东西越做越好。”

这是个外表文静、内心自信的年轻人。他这里每个月会聚集几个年轻人，一起拍曲雅集。也许，他对戏曲的喜爱，无形中也给了他回报，这些演员、戏迷、票友们，也是团扇潜在的消费群体吧。他选择这条巷子安家落户，也是动了脑子的。这条看似不起眼的巷子里，不但有刚才我们走进来看见的织造局旧址，还有一处门口挂着“民乐巨匠”牌子的石库门老宅子，据说，某明星的故居也在这里，这位明星喜欢吃泡泡馄饨，那家因此成了“网红”的小店，也在这条巷子里。我们在电视上也看到了明星们手持团扇的镜头。

在这样的巷子里，走着走着，冷不丁，你会看见一只翠绿色的鸟笼，放在墙皮剥落的巷壁石板台上，笼子里有一只小鸟，红嘴白羽，安安静静。

第十四章

款彩天然

学士街是一条充满了人间烟火气的街道，小吃店、服装店一家挨着一家，不宽的马路两边停满了私家车，人来人往，喧闹嘈杂。好不容易找到了梵门桥弄，这条更窄的弄堂里，陆续停满了私家车，却还有车子进进出出。终于看到梵门桥弄15号的大门，这里是原苏州民族乐器一厂的厂区和职工宿舍区。初春的天气很好，蓝天白云下，进门就看见树影掩映的月洞门，东边是楝树，西边是梓树，一棵接一棵，又高又大。楝树的枯叶在阳光下闪闪发光，梓树蒜苔一般的荚果在风中摇曳。举目望去，空空的厂区，几乎看不到什么人，只有门卫和一只围着他转的泰迪犬。门卫看见我，便问："你找谁？"

这个地方十多年前我应该是来过的，我来买过一支箫，但是记忆已经模糊。苏州民族乐器一厂是苏州做箫、笛、二胡最好的厂。不过我今天不是来找乐器厂的人，我来找租用这里房子的漆雕艺人。但是我找不到葆怡堂的大门，只看到了民族乐器博物馆的匾牌。问了门卫，照他的指引右拐，顺着爬满爬山虎藤蔓的楼房缝隙向西走，走到墙根还是找不到，又退回来，正好看见一扇玻璃门开了，走出一位六十多岁的女士，果然是林怡，终于找到啦。

她正在忙着给几十个漆盒上色。当年六月，苏州博物馆要给她办一次个展，忠王府的展厅挂不了大件作品，所以正在赶制一批小件。她打手机把女儿叫下来领我去后面楼上的陈列室，没多会儿，一个大眼睛的姑娘站在我面前。

“陆曦？”

“嗯嗯！”

曦曦领我上楼，净手，泡花茶，在我的对面坐下。我注意到，她穿了一件和我同色的毛衣，墨绿色的深浅都一样。陈列室并不大，墙上是作品，地上端放一只小方桌，桌面是一幅属于20世纪80年代的“西厢记”主题漆雕作品，工艺虽然谈不上精湛，但画面比较生动传神。墙边几桌上有几排建盏，盏上随意丢了几枚带柄的红叶，枯萎了。玻璃长瓶里的银柳萌发了嫩绿的叶，叶尖毛茸茸，还有锯齿。带绿叶的银柳条，我还是第一次见。窗外的130年树龄的玉兰花树还没有开花，180年树龄的桂树更是隐在我视线达不到的地方。

漆雕不是我熟悉的工艺，但是听说过福建的漆器漆画。我问：“你们老家是福建的吗？”曦曦说：“我外公外婆是福建人。爷爷是无锡人，奶奶是苏州人，爸爸出生在上海。”哎呦，我成查户口的了。

曦曦的母亲林怡，是江苏省非物质文化遗产苏州漆器制作

技艺传承人。2014 年林怡参与乾隆花园符望阁漆纱窗的复制，是有幸参与故宫修复文物的民间手艺人之一。2015 年，她被北京故宫博物院聘为故宫研究院明清宫廷制作技艺研究所特聘研究员。

漆器在中国的历史，可以追溯到七千多年前的河姆渡文化时期。苏州漆器，从出土文物考证，从四千多年前的良渚文化时期就已经开始。春秋时期，苏州的髹漆工艺已成熟。清朝乾隆年间，苏州成为脱胎漆器最著名的产地，徐扬《姑苏繁华图》中就画有六家漆器店，乾隆皇帝更是作诗赞美“吴下髹工巧莫比”。

1979 年，林怡进苏州漆器厂，1999 年，42 岁的林怡离开厂，和曦曦父亲一起创办了工作室葆怡堂。曦曦说，葆是父亲名字中的一个字，怡是母亲的名字。工作室的标志，就是汉代织锦图案“比翼双飞”。

曦曦出生于 1985 年，小时候感觉母亲就是成天忙，很小就得自己煮饭吃了。她自己的专业学的是物流，现在的工作，是在一个 19 万平方米的物流区域负责安全管理。

款彩是什么？简单地说，款就是刻漆，彩就是上色。款就是在木胎漆板上用刀雕刻。如果不上色，就叫留灰。先在木头

上绷麻（一般都是用绫罗绸缎），用新鲜猪血拌瓦灰后批上去形成灰层，然后才是漆层。

曦曦的外公是教师，外婆是医生，老两口一直反对外孙女学这门手艺，觉得还是有份稳定的工作好。曦曦自己呢，一开始也没有继承母业的想法，即便每天上下班路上要开车 40 千米，但工作一直干得不错。直到 2012 年的一天，她开车在独墅湖隧道里，突然一瞬间脑子一片空白，她问自己，为什么要过这样的生活？幸亏她及时回过神来，不然很可能就一头撞到前面的车了。当天晚上她和父母一桌吃晚餐，看见他们头上的白发，曦曦感慨万千。她意识到，生命有多脆弱，应该为他们做点什么了。能为他们做的，一是婚姻，二是“换一种活法”。那年曦曦 28 岁，虽然至今还是单身，但是，想回到父母身边，跟母亲学艺的念头，就是那个时候萌发的。

“我本来是个好奇宝宝，喜欢旅游，拍摄花草。做漆器，会被漆‘咬’，手痒到人无法忍受。猪血拌灰，熬骨胶的味道，一般女孩子无法忍受。想要安静、干净、小资是不可能的，漆艺最喜欢的是黄梅天。当我告诉外公外婆，我决定要跟妈妈学漆雕时，两位老人当场跳起来，外公说，绝对不可以辞掉现在的工作！可是我的领导同事，看了也觉得这是好东西。老板说，你还上啥班啊？赶紧回去学啊！不过，过不了多久，又会打电话来了——你，过来开个会。哈哈哈。

“我父母这辈人，一周工作六天，过的是程式化的生活。他们真心不容易。一开始，漆的味道引起周边居民不理解，还投诉到市长信箱。后来，相关部门专门来了解了情况，反而劝他们，帮帮她吧，她不容易。现在，我们和周边居民相处已经很融洽了。工作室有七八个人，各有分工——刻、彩、漆，一起努力把这个技艺传下来。以前我不理解，现在慢慢懂了。年轻时，就想走得越远越好，后来明白了什么叫父母在，不远游。我觉得漆器很漂亮，不学可惜了。木心不是说过嘛，本身就是星星，就会发光。团体就二流了。（作者注：这句话出自木心的《人性中最大的可能是艺术》，原话是：文学艺术家是个体的，所谓个体，就是自在。所谓艺术，就是自为。团体，总是二流。……星星是发光的，每个艺术家已经是星星了，同样能光辉灿烂，照亮时代。）信息爆炸时代，很多人这也喜欢，那也喜欢。真心爱一样东西，花百分之八九十的时间做一件事，在没有成功时，就会被认为是偏执狂。从情感上讲，我也有义务来接。不想，也逼不了。2013年，《嘉人》杂志来采访，我说了一句话：最好的嫁妆就是传承这门技艺。

“学习过程中，感觉这门手艺是跨学科的，物理的，化学的，很好玩儿，怎么学都不会够。为了替父母打理工作室，我还要学习商业合同、法务、财务等。我比较好奇，会去问，去看，去查。我还喜欢试验。我们用的颜色，除了丙烯颜料不用，其他颜料都自己调。比如，我发现仙人掌果果肉的颜色和火龙果的红肉一样，颜色很好看，加胶、加矾后，发现色牢度不够，只好放弃。决定回来学做款彩时，母亲给了我一套瑞士钢刀，薄、软、易变形。做活的老师傅习惯用的高碳刀就不容易变形。师傅们说，这刀不行，碳火不好，做一会就要去磨的。其实，每个人都有他自己习惯的手势，我认为先用瑞士刀，再用高碳刀就很顺手了。刻直线就用高碳刀，打点、弧线就用瑞士刀。让刀吃饱油，不扬灰，刀好用，不脆。刀砖是不能磨瑞士刀的，我已经去定制皮具了。老师傅有他们的习惯，我自己呢，那是另一回事。母亲对我的想法和做法非常赞赏。

“我和母亲都喜欢树和花。很小的时候，妈妈背着我去写生，长大一点，妈妈是带着我去写生，一人一块画板。你看我们院子里的爬山虎，小小黄黄的花会随风落下，满墙的爬山虎，滴滴答答的花落下，很好听……

“高晓松为什么说‘八〇后’‘九〇后’，一代比一代脑残、蠢？为什么会有这种说法？怎么学习辨别好坏真假？父母辈的学习渠道来自长辈、老师。现在分分钟一搜，网上啥都有。好的只告诉几个人，坏的也许告诉几十个人。好的东西也有很多，国家、地方都在引导，我们需要价值观的引领。有的老师傅已经70岁了，我母亲62岁。退下来怎么办？每一代有更新，尽可能多、好地传承。但是，一定会加上自己的想法，不会完全听你的。这是我们这一代的思维方式。纪录片、人物自传，我们年轻人也喜欢看的。每一代人都有共通性，也有不同。

“漆本身是个涂料，可以千年不腐，但是木头会烂。这门手艺工序复杂、流程长，制成品也不再成为生活必需了。到底有多少人知道这个艺术？我计划通过自媒体、院校合作，与体系合作，配合国家培训班，走出去，让大众了解款彩这种技法。”

谈到这里，曦曦母亲林怡进来了，看来今天的工作总算暂时告一段落。她一个劲地打招呼，连连说，不好意思。她进来坐着说了一会儿，又站起来，拉开窗帘，夕阳照到桌面上，很耀眼。

林怡说：“前几天，我故宫博物院朋友的华裔法国亲戚来我这里，就坐在你现在坐的位子上。前辈就是在法国做款彩的，看见我的东西，激动得不得了。款彩在欧洲是非常有说服力的，

2018 年 3 月摄于梵门桥弄

图为曦曦与母亲林怡一起工作。曦曦平时在一家物流公司上班，周末放假便去母亲的工作室学做漆雕。她说："我本来是个好奇宝宝，喜欢旅游，拍摄花草。做漆器，会被漆'咬'，手痒到人无法忍受。猪血拌灰，熬骨胶的味道，一般女孩子无法忍受。安静、干净、小资是不可能的，漆艺最喜欢的是黄梅天。"

过去在宫廷的中国式房间里是必有的。明代款彩很少，明末清初，怎么会流传到法国去的？”

我用桃花坞木版年画姑苏版的经历去推测，也许，也是先销售到日本，再辗转传去欧洲的。

我注意到，她的左手戴着半指手套。

“啊，手骨折了很久，到现在还没好利索。我写生往往还不够，还要采花回来解剖看结构。上次不知怎么刹那间就摔倒了。朋友说我是被花迷痴了，呵呵。”

曦曦说：“我们平时都不能用香水，护手霜也不能用，否则会影响嗅觉的。”

林怡说：“是的，我永远是素面朝天的。我理解的‘非遗’，就是祖祖辈辈生活过的日子。它包含了日常生活系统和精神文化系统。它并非濒临灭绝，而是以前是主流，现在不是主流，但不影响它存在的价值。经济、环境变了，意识也要变。以前没有现在这种挂在墙上的画，都是做屏风、柜子。烂掉的家具，掉下来的柜子的门啊啥的，就被挂到了墙上。比如，二战后，德国废墟重建，包豪斯艺术诞生。后代的理念和方式不同，相信她有自己传承的办法，只要科学严肃地对待。”

母女俩送我下楼。林怡说：“我给你看样东西，做好了正好还没送走。”我们走到一开始相遇的门口，她家黑黑的中华田园犬熊熊探出头来张望。熊熊十几岁了，圆滚滚的，一声不响。曦曦告诉我，熊熊其实蛮凶的，但是对她特别好。怕吓着我，曦曦牵着熊熊去院子里了。

原来是一张髹漆仿明琴桌，大红底漆，桌面上有金色的梅兰菊图案。

“本来想表现梅兰竹菊四君子的，竹子不太好表现，我说，就拿我当竹子吧！”

“四角的鸟是？”

“大雁鸣声，鸿雁传书，君子之交啊。”

“哦！”

这时候，传来一阵鸟叫。哪来的鸟？原来地上有一只鸟笼，笼子里有一只黑色的鹩哥。我蹲下，问：“它会说话吗？”

“会，只是很少说，那是我送给曦曦爸爸的生日礼物。”

墙角屋顶上，挂了不少腌肉。

“那个是我腌的！”

我说：“现在很少有人自己腌肉了呢。”

她把我带到小小的院子里，墙角一盆嫁接过的梅花开得正好，一半红一半白。墙边一圈，摆满了花盆，她一样一样指给我

看：仙客来、缸荷、马蹄莲、海棠、梨花……

“梨花开时，我天天盯着它看，一边看一边流眼泪，真是太美了呀……”林怡轻声说。

闻听此言，我虽然没有说什么，心弦却被轻轻拨动了一下。

晚上回去，我发了一个朋友圈：十多年前，我应该来过这里，买过一支箫。所有的记忆都已模糊，梵门桥弄，玉兰花开的时节，梨花也正似雪吧。爬山虎的花，小小黄黄的，随风落下的声音滴滴答答地响。嗯，以前只知道花开的声音可赏可听，曦曦告诉了我，花落的声音，也可以听。春天已到，快了。

很快就有留言，林怡写下：那落下的小花瓣聚成一抹抹新绿，不舍移步，且听沙沙沙的私语……

我发了一条信息给她：“你给我的感觉非常好，花开的时候，我还要来看你。等你有时间，听你讲过去的事情。你是有故事的人，充满令人感动的质朴情怀。我将来一定要写一写你。”

我告诉她：“我父亲也是学园林绿化的，我也喜欢花草，可惜我实在太忙，没有时间伺弄。”

她回复：“我爸1952年毕业于厦大农学系，被分配在苏州农校教大田经济作物栽培。我出生并成长在非常优美的原第三人民医院(民国时期的花园饭店,有说是官邸)。农校是我们孩子们的天堂,尤其是暑假,各种水果多多,4 毛钱就买一杭州篮。我四叔是学林业的。”

我问:“杭州篮什么样?”

她答:“晚饭后我画一个给你,还有饭烧箕。前者高无盖,后者扁有盖。早年没冰箱,剩饭用井水冲去浆,置于有盖竹篮中,悬空在通风处。一个用久了的饭烧箕基本不会馊饭的。明天我路过西二路,给你拍一个。”

我禁不住笑了,发现这个永远素面朝天的女人,实在是个性情中人,着实可爱。某种程度来说,比起她的女儿曦曦,她更任性,更孩子气。她可以感时花溅泪,既感性又形而上;也可以洗手做羹汤,种花、腌咸肉;更可以痴心做手艺,在故宫修文物,解答联合国科教文组织专家提出的种种学术性问题。

为什么我要花些笔墨写杭州篮和饭烧箕?因为,林怡说要画一个给我看的时候,我想起了日本民艺研究一代宗师柳宗悦的著作中,那一幅幅手绘的线描图画,他把各种各样的民间手工艺用品,一件一件展示在读者面前。

柳宗悦在《民艺论》中说:过去对美学的考察是在“fine art”(纯艺术)中进行的。然而,真正的美是不可能在“art for art”(为艺术的艺术)中产生的。纯正的美应该是在为满足生活所用而真挚地进行制作的物品中才能够产生,基于这样的理念才创造出“民艺”一词。

在传统的生活中,民艺品是为了满足用途而制造的物,造物的艺人(artisan)必须具备诚实的品格、长期的经验和得心应手的技术。为了用而真心创造的物,自然而然被赋予了美,这就是民艺。

林怡后来发来了西二路拍的四张照片,我一边看,一边笑,真是个可爱的姐姐。

她说:“今天买货的多,杭州篮白天卖完了。我是环保主义者,傍晚买了560元的篾青编织物,真好。”

难怪找不到杭州篮的照片。我问:“篾青会不会发霉啊?”

答曰:“用之护之,人与物亦是需要互为的。”

深以为然。

第十五章

狸猫造悟

前面我提到过那个我主持了半场的相亲会，说到范家兄弟。这一章的主人公陈健博，就是范家哥哥给我介绍的。那天范家哥哥对我说：“你一定要认识这里的一个人，我带你去看。”然后他就领着我去了一间叫“造悟”的工作室，造悟，就是创造、感悟。工作室里面对面坐着两位小伙子，一位是做手工皮具的，另一位就是陈健博，他正在皮包上手绘图案。图案以猫猫狗狗等宠物头像为主，主要是私人定制的客户，委托他把自己养的宠物，画在自己定制的皮包上，绝对独一无二。小陈的彩铅画确实惊艳，画啥像啥，几乎可以乱真于照片。一些图案，他展示了彩铅画每一个步骤，表现了手工绘画的绝对真实性。我的目光最终被七个卡通狸猫吸引。小陈说，这是他受七里山塘传说的影响做的手办，将作为2017年苏州旅游城市伴手礼。这手拿折扇、身穿马甲、神态表情姿势各异的七个狸猫，萌呆了。

相传元朝末年，红巾军起义后，中原群雄纷起。一个小名叫张九四的私盐贩子——泰州人张士诚，也聚集了十八人造反。由于张士诚的部下以私盐贩子和青年农民为主体，战斗力很强，甚至还“不战而胜”元朝丞相脱脱的数十万大军。一时间军力大盛，席卷了苏北一带后他们又挥兵渡江南下，攻占了苏州,并在苏州建立了大周政权,改号天佑,自称诚王。

张士诚占领苏州后,还是颇有作为的,他兴修水利,免除赋税,发展工商农桑,兴办手工业和纺织业。苏州百姓也非常感激他。

公元 1366 年,南京的朱元璋派大将徐达率兵 20 万攻打苏州。围城一年,粮草也运不进,张士诚就叫军队和百姓去开垦城里南园和北园的两块荒地种菜种粮食。谁知城里出了叛徒,透露给朱元璋说齐门兵力最少。于是朱元璋趁着一个雨夜,从齐门偷偷打进了苏州。齐门失守,张士诚趁着夜色带了一批亲兵骑上快马要逃出城去,只见月黑风高,一时不知往何处去。

这天是农历七月三十日,地藏王节(有时没有农历七月三十,就有二十九当三十的说法)。相传是地藏王涅磐得道之日,地藏王即地藏菩萨。佛教经典中地藏菩萨生在农历七月十五,九十九年后在七月三十入灭。老百姓在地藏王节这天,在庭院四角和围墙下的地面遍插棒香,烧香祈福,就称做“烧地头香”。于是,苏州百姓们决定在每家街沿和路旁插上棒香,暗中指引出一条通道。张士诚在百姓的帮助下,沿着棒香指引的道路,逃离了朱元璋的追兵。

后来,张士诚兵败自杀,大周政权覆灭。由于张士诚为苏

州人民做过好事，苏州人都忘不了他，为了纪念张士诚，就在每年农历七月三十日晚上，家家在门口插棒香，烧香点烛。因为张士诚的小名叫张九四，所以就称“九四”香。后来，朱元璋做了明朝开国皇帝，为避嫌，苏州百姓又把“九四”香说成“狗屎”香，以避开官府的追究。这个习俗保留至今。即使住进高楼，每年的农历七月三十日晚上，一些老人依然要在楼前、路边点燃棒香。这一习俗反映出了张士诚的人缘相当好，因此苏州人说人缘不好，叫“七月三十未烧狗屎香”。

朱元璋深感苏州民心不稳，就派了军师刘伯温到苏州视察。传说刘伯温“前算八百后算千年”，有一本《推背图》，可以预言历代王朝的兴衰变革。一天，他逛到了山塘街，一看，不禁倒吸了一口凉气。他发现，山塘河是一条龙脉，虎丘塔就是龙尾巴！他施展法术，设置了七座石狸猫在山塘街上。这七座石狸猫是：山塘桥畔“美仁狸”、通贵桥畔“通贵狸”、星桥畔“文星狸”、彩云桥畔“彩云狸”、青山桥畔“海涌狸”、西山庙桥畔“分水狸”、普济桥畔“白公狸”。传说狸猫是上古神兽，有千斤巨锁之力。七个狸猫死死捆住了巨龙，使其永世不得翻身。这样张士诚的龙脉就被破了，无论苏州百姓如何想念他，他也回不来了，明朝江山会世世代代传下去。

2018 年 11 月摄于十全街相王弄

小陈大学就开始做手办、原画、金属雕塑。彩铅画纯属业余爱好，自己在网上研究了学会的。他拿出一盒美国产的彩色铅笔给我看，132 种颜色，每支 10 元，一盒就要 1000 多元。先在纸质上画，然后发展在皮包、钱包上画自家宠物，进行私人定制。

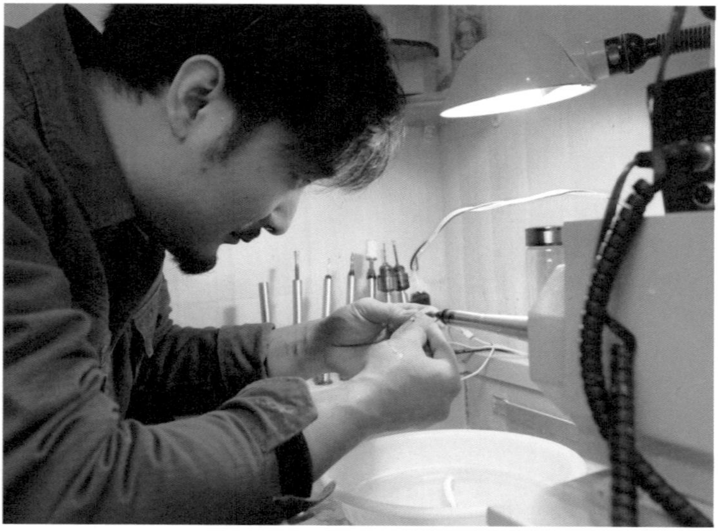

时间到了二十一世纪，明王朝早已灭亡几百年了，山塘街上的石狸也早已荡然无存。而苏州老百姓仍然记得“七狸”的传说，仍然在“讲古”时固执地把“七里山塘”叫做“七狸山塘”。

1984年出生的小陈，是沈阳人。2005年考入鲁迅美术学院雕塑专业学习了5年，当时，该校该专业全国才招收28个人，辽宁全省只有4个录取名额。2010年毕业后，他在大连做了两年多游戏原画师。2012年去上海，做了不到半年的人物蜡像、泡沫雕塑，然后开始给玉雕大师做了4年电脑设计。他设计的“夜上海”系列，南红雕刻的百乐门舞厅十分惊艳。京剧系列“武松打店”“水浒传”“白蛇传”“三岔口”“将相和”“长坂坡”等，都十分富有创意，可是，雕刻师担心没有市场，一直没有做，还是以传统系列题材为主。更不要说他设计的“禅悟”“恶灵骑士”“寸阴尺璧（钟表）”“真善美（马和独角兽）”“加勒比海盗”“驱邪伏魔”等题材了。传统题材做久了，他觉得没意思，情怀追求不一样，所以就决定自己做了。

起先是因为上海的雕刻师到苏州了，小陈就跟过来设计，2014年来的苏州十全街。到苏州来的另一个原因，是妻子在苏州做软装设计。小陈和妻子1998年就是初中同学，三年前结婚，到2018年两个人相识20周年了。

2016年小陈独立去光福开了工作室，主要做玉石雕刻、皮具，也带学生，教少儿绘画，也进行高考、成人美术培训。2018年春节后，基本都搬到木渎了。小陈工作涉及的范围比较广，产品品牌、VA设计、整体品牌包装、logo设计、文创产品、烟斗、拍电影的道具、十二生肖“萌”系列、金饰品挂件……其实，他大学就开始做手办、原画、金属雕塑。彩铅画纯属业余爱好，自己在网上研究了学会的。他拿出一盒美国产的彩色铅笔给我看，132种颜色，每支10元，一盒就要1000多元。先在纸质上画，然后发展在皮包、钱包上画客人的宠物，进行私人定制。小陈是个比较早熟的小伙子，高中时就教学生画画了，上大学时就当助教了，大一就开画室了。现在，1992年出生的他所收最小的学生都已经开始做设计了。

我问他为什么没考虑考研。他认为，考研的同学还停留在学生时代，3D雕刻、机雕软件、PS软件都不会。没见识，设计的还是过去的老思路。只有跨界，见识广，才能做出好东西。他说：“考研都是程式化的东西，要考就要按门类去考。5年本科再加3年研究生，8年都在学校的话，太书生气，没有自我，不接触社会。像我原来做雕塑的，石头、木头、陶艺、金属焊接，都会做，现在跟妻子学做环境艺术，做墙画、天顶壁画。一些高

CHENJIANBO
2016.7.13

档楼盘的售楼处、大连星海广场的恐龙博物馆、大连圣亚海洋世界，都是我们做的。行行都能出状元，设计载体可以不同，我们想做品牌化的，原创品牌。雕塑是用来加工行货的。追求理想是为自己，追求现实是为生活。呵呵。”

第十六章

新锦绣记 一

我国是世界上最早饲养家蚕、缫丝织绸的国家，用彩色丝线在丝织物上绣图案的刺绣工艺，相传虞舜时代已经有了。出土实物证实，早期刺绣都以锁针法绣制，唐代转为以平针法为主。宋代的观赏性画绣已达到极高水准。明代以上海露香园顾绣为最，清代四大名绣：苏绣、粤绣、湘绣、蜀绣各领风骚。

苏州刺绣始于何时，史料尚无确切记载。南北朝颜之推《颜氏家训》所载“河北妇人，织纴祖训之事，黼黻锦绣罗绮之工，大优于江东”这句话，说明两个问题：一是六朝时期，苏州一带已有刺绣；二是当时苏州的技术不如北方。中国营造学社创始人、国内研究中国丝绸史的倡导人之一朱启钤先生在《丝绣笔记》中说：“唐时越人织法，自北地传来。”丝的艺术不止刺绣一种，根据古已有之“织绣同工”的说法，刺绣在唐代技术还是不如北方。朱先生书中所指的丝绣，丝主要指织丝和刻(缂丝)，绣才是指刺绣。从 1956 年苏州虎丘塔(建成于北宋建隆二年，即公元 961 年）出土的经袱实物，可看出宋代初年苏绣技术趋于成熟。特别是南宋王朝迁都杭州后，全国政治、经济、文化中心南移，苏州盛产桑蚕，符合《考工记》所说的“天、地、材、工”条件，当时苏州城内已经有了一条“绣线巷”，《宋平江城坊考》有载。明代，刺绣商品需求增多，苏绣已经与山东鲁绣、东北缉线绣、北京洒线绣等不同,形成了自己的特色,明正德年间,户部尚书、文渊阁大学士王鏊编纂的《姑苏志》中说:“精、细、雅、洁,称苏州绣。”这总结了苏绣的特点。清代苏州已被称为“绣市”,出现了技艺高超的双面绣。清末民初,出现了沈寿的仿真绣。抗战之后,刺绣业凋零。1952年,全国城乡物质交流大会之后,苏绣产品又开始畅销,还出口创汇。1956年,苏州城内和吴县乡间,有绣娘42000名之多。1957年苏州成立工艺美术研究所(后称刺绣研究所),1958年成立苏绣厂、绣品厂。改革开放之后,刺绣研究所及各个工厂均已改制,城乡各地出现众多个人刺绣工作室。吴县撤县建区,散落在光福、东渚、木渎等地的绣娘,慢慢集中在高新区镇湖街道,绣品街上号称曾经有八千绣娘。

薛金娣就是目前这条绣品街上手艺最出挑的几位绣娘之一。这位第十届中国民间文艺“山花奖”得主,性情温婉,为人低调。她有一个独生子,名叫张雪。这位出生于1988年的小伙子,已经30周岁了,在农村是讲虚岁的,说起来就是32岁了。这样的年龄,有些人家的子女都能打酱油了。虽然暗中仰慕他的姑娘不少,也有不少人登门来说媒,可是,小张目前貌似还没有这方面确切的动静。

小张长得白白净净的，看上去也是斯斯文文，整个人很静。小学、中学、大学，一路“学霸”读书成长，学习成绩足以骄傲。小学是在镇湖读的，年年考双百分，一直做班长。中学怎么会去木渎三中的呢？说来又是一段似曾相识的故事。话说，隔壁邻居在横塘开灯具店，瞎聊天时说起：“明天孩子去木渎考学。要不，你家孩子也去考吧，20 元报名费，瞎考考看呢。”金娣当时家里条件还不太好，想到万一考上，需要出 6000 元赞助费，感觉有点困难。就问儿子：“你觉得要不要去考？”小张回答说：“都可以的。不过呢，读得好，将来肯定前途更好。”“好，那就去考考看吧。”结果你懂的，邻居家的孩子没考上，他考上了。哎，熟悉的桥段，但却是真的。现在，原吴县的木渎二中、三中，统统合并成大名鼎鼎的吴中区木渎实验高中，是苏州地区高考录取率一直名列前茅的一所学校。

考进去后，一开始自我介绍竞选班长，小张因为腼腆，话少，自然不会引人注意。但是，第一次考试之后，他就以无可争辩的优秀成绩，继续了小学一路班长的辉煌。2007 年，他考上了南京财经大学国际经济外贸专业。他自己告诉我：“大学时，人家初见我都以为我很内向，其实我参加社团活动很积极的，参加了三次迎新晚会，上台表演舞蹈。”母亲则给我看了他

的无数奖状证书,年年一等奖学金(第一年拿到5000元奖学金,还捐了1000元给贫困学生),年年是社团工作积极分子、优秀社团干部、优秀学生干部……毕业之后还有很多荣誉,比如2014年度苏州市优秀青年志愿者、2015年团市委优秀共青团员称号等等。

我知道他的硕士研究生是2017年才刚读完的。就在我写这章的时候,他发了一个朋友圈,他周六在读研究生的母校苏州大学艺术学院,给学弟学妹们上刺绣体验课。说到公共教育课,他在博物馆做志愿者时就开始做了,所以,2016年我策划苏作手艺体验课时,第一课就请的金娣和张雪母子,因为我知道张雪有实操经验,保证不会搞砸。那一年,每个月第四个周日下午两点,在苏州市公共文化中心报告厅都会有一堂免费的公益性手艺体验课,我们通过电话和网络预约,吸引了白领年轻人,还有母子父女档等观众前来参与。有一对来自无锡的小夫妻,每次活动都会从无锡赶过来参加,非常有兴趣。我问小张:“你那么优秀,大学毕业时考虑过考研、出国留学或者找个好工作吗?怎么会回到镇湖呢?”

小张说:“其实,大四时我已去了一家金融期货公司实习,还考了一个拍卖师从业资格证。大四上学期也已经拿到了英国利兹大学研究生录取资格。最终没有去，一是考虑到管理学专业不是我最心仪的，觉得不一定真正能学以致用。二是考虑到给家里会增加经济负担。最终回到镇湖，是因为一个订单。这件事，我从来没有对其他任何媒体讲过。”

2011 年，薛金娣接到了一个大订单，绣一个地屏，图案由他们选，客户请了一位清华大学的设计师替他们把关。一开始准备做牡丹花，光是花的线条就修改了无数次，最后按照时间来倒推，一定要做地屏的框了，可是，图案设计稿修改了近 20 次，对方还是不满意。金娣几乎要放弃不做了。她的特长是绣工，设计图案不是她力所能及的。这时小张正好毕业，他看见母亲着急，就说，我来试试吧。他在网站上找到了一个青铜器图案，提取其中的凤鸟纹元素，手绘出设计稿。对方一看，立刻拍板定了下来。

就这样，小张就决定留在母亲的工作室，帮助她打理工作室事务。当他和母亲说，自己想学刺绣时，母亲还是很上心的。金娣说他的悟性蛮好的，第一幅牡丹花的排针还不太好，第二、第三幅时做的活，就看不出是初上手的人做的了。在镇湖，男子做刺绣，除了与母亲同辈的沈德龙，大概就只有小张这个“八〇后”小伙子了。他是最早回家做刺绣的年轻人，现在，越

2018 年 4 月摄于高新区文体中心

右图为张雪的刺绣作品《星空》。我眼里的张雪，并不像某些媒体宣传得那么“崇高、伟大”——所谓以“拯救”苏绣为己任，非要做一个孤独的绣郎。他只是一个普普通通的“八〇后”邻家男孩，腼腆内秀，思路清晰。他清楚自己喜欢什么，想做什么，并且照着自己的想法一步一步地去做。他就是在做着他喜欢做的事，所以他愉快地“累着”并一直在“做着”。

来越多的年轻人回家乡镇湖发展了。即便直接不是做刺绣,也做着和刺绣相关的事情。随着镇湖特色刺绣小镇的建设步伐,相信回家创业的大学生、年轻人会越来越多的。

小张是个聪明的小伙子,做事情喜欢动脑子。2011 年,当他决定留下来不久,在替母亲看店时,他也会对着姨夫的茶杯画素描。这年 10 月,他的要好同学要结婚了,他就开始动脑筋了。他打算先把同学的写真照素描下来,再做刺绣。那时候,距离婚礼只有一个月时间了。一般来说,传统的人像绣制需要半年时间,母亲也说完不成的。他硬是参照自己的素描稿,在黑白上稍稍加以一点棕黄色,把这幅作品完成了。参加婚礼的隔夜,小张父亲才刚刚把它裱好。收到这份特殊的结婚礼物,同学惊喜不已,感激万分。

2012 年冬天,市总工会在镇湖刺绣馆表演厅举办姑苏绣娘大赛,50 多位参赛选手几乎清一色是女子,只有小张一个男的。母亲当时不赞同他去参赛,"姑苏绣娘大赛,比的是绣娘呀,你一个男小人(苏州方言,指男孩子),难为情的呀。"可是他不怕难为情,毅然参赛,还得了个鼓励奖。

2013 年,小张在电视里看见一档"我在苏州看电视"节目,看见片子里有个东山采桔子的大妈,很普通的苏州人。他想,苏绣怎么没有做？他就申请了微博号，去电视节目微博留言，主动介绍了母亲的情况。没想到，栏目回复了他的留言，联系上了他。节目的对接人接到任务来找他，也很好奇，问："你是怎么找到我们的？"栏目策划出了两个方案报上去，第一方案，只是母亲一个人，第二个方案，就是母子二人一起上。结果第二个方案被采纳。片子出来，电视台每晚都放，影响很大。别人都以为他们不知出了多少钱请电视台来拍的。小张说，就是这样的过程，很简单啊，没有花钱啊！别人都不相信。

2014年，"我与世界遗产"全国征文比赛，小张在报纸上看见征稿启事，就写了一篇文章。全国23个省800多篇征文，一共评出三个一等奖，小张的文章就是其中之一。他也不认识任何人，只是按照征稿启事的地址寄去了文章。

2014年、2015年、2016年，连续三年，他的作品获得了江苏省艺博会"银针杯"金奖。2014年参赛的作品"四季系列"就很独特，内圆外三角形的框，打破了苏绣非圆即方的外框造型，平放像山，拼起来挂在墙上可以做画。这样的想法，得益于他有一个做木工的舅舅，替他把大胆的创新想法，变成现实。2015年的参赛作品"佛"，其实当时有两幅作品，挂在展厅里，被一位观众硬买去了，至今不知下落。小张说自己不懂，不应该卖的。客户面都没见过，艺术馆的工作人员电话来劝，好说歹说，就卖掉了。2016 年参赛作品“星空”，是用传统的针法，表现出未来的主题。

2017 年 10 月，二更视频播出《新姑苏繁华图 · 姑苏绣郎》之后，至今点击率已高达近 2000 万人次。

2017 年 12 月，高新区文体中心的一次展览上，小张展出了新创作的三件装置艺术作品“山”“藕断丝连”“涟漪”，还和捷克知名艺术家彼特 · 皮萨日克合作完成了一幅源于苏绣的主题装置作品“源”。

这些年，除了创作，他还坚持做了一件事，做志愿者，宣传传统文化，宣传苏绣。2013 年，他和同学一起报名做苏州博物馆的志愿者。面试的时候，考官问他是做什么的，他说自己是做刺绣的。他发现，当时苏博“吴中风雅”最后一个展厅“锦绣浮生”没有解说词，他先做了一次讲座，然后撰写了解说词，使“锦绣浮生”列入了讲解范围，然后作为志愿者自己全程参与讲解。很多观众，特别是外地观众，观看展览时，常常把苏绣作品当作了画，他就耐心地给他们讲解，比如，“墨葡萄”，绣品因为丝线的蛋白质成分，在灯光下有光泽，和画是不一样的。他还参加了苏博唐寅、仇英等很多著名专题展览的讲解，有一次达芬奇展，因为忙，他只能夜里准备。开幕式那天，他开车带着母亲一起去博物馆，一路上还在背诵解说词，母亲看着稿子，他一边开车一边背诵给母亲听。他说："做志愿者虽然花时间，但是也学到了很多知识。讲解过程中，我认识了很多老师、优秀的策展人、有水平的画家。我讲解时，代表的是苏州形象，所以做到更好，才能让观众们对苏州印象更好。"

位于巴黎第 9 区的小巷弄间有一栋古老建筑，这里的 LESAGE 工坊，超过百年历史，有 30 至 50 位顶尖的绣制绝美华服的刺绣师傅在此工作。2002 年 LESAGE 被 CHANEL 收购之后，CHANEL 的腕表上也经常会看到运用了刺绣工艺的腕表。有一款表的表盘用白色丝绸做底，用银质"Filet"绣线来绣出花瓣轮廓，然后用多重的打结针法来营造色彩层次（其实就是中国传统的针法打籽绣），这种技艺称为"微点画"（micro-pointillism），因为只使用最顶级的金质及银质绣线，打造一个表盘需要 40 多个小时，而且没几个人能有这种手艺，所以这款表限量 8 枚，售价 29.1 万。

近年来，北京手表厂也开始推出中国风刺绣腕表，比如为七夕推出的特别款"杏林春燕"，以及桃花、水墨铃兰等手工苏绣腕表，他们合作的人，就是张雪。

2009年完成的第十届“山花奖”获奖作品“捣练图”，是根据印刷品创作的，母子俩一直渴望有机会看到真正的藏品。机缘巧合，经朋友介绍，2014年12月母子二人专程飞到美国，去波士顿美术馆库房里看藏品。绢本藏品是宋代摹本，小张专门爬到梯子上去看画作的整体色彩，又细细揣摩各种细节。回到家来他对比自己的作品，认为作品的色彩还是对的，某些细节甚至更为清晰仔细。因为藏品本身终究因为岁月漫长，有一些小细节不是那么清晰。这次他们还看到了宋徽宗的《五色鹦鹉图》，那是真正的原作。还有好多佚名的古代佳作。后来他们还去了纽约大都会博物馆、古根海姆博物馆、纽约现代美术博物馆，大饱了眼福。虽然因为做活动，2013年他们浮光掠影地参观过巴黎卢浮宫，2015年也去过日本东京国立博物馆，但是，都比不过2014年的美国之行带给他们的震撼和收获。

毕业到现在七年了，我问张雪，将来怎么打算？他回答的第一句话，就是进一步进修，学习绘画。2014年到2017年，他去读研究生的初衷，文凭固然是一方面，更重要的是想了解一些理论的东西，认为染织对刺绣有帮助。三年的艺术设计染织专业研究生学下来，他觉得还是太偏理论，无法有效指导实践。今后的创作上，他还是想做一些在传统基础上变形的作品。2018 年张雪打算重点研究一下苏绣特有的双面异色、双面异样的技法，不再是小猫、金鱼，而是换个现代人喜欢的图案试试。对学艺术的人来说，艺术形式可以不懂，但是，对有设计感的图案是会有感触的。

“嗯，现在下功夫还是有回报的。”母亲在一旁插了一句话。

我眼里的张雪，并不像某些媒体宣传得那么“崇高、伟大”——所谓以“拯救”苏绣为己任，非要做一个孤独的绣郎。他只是一个普普通通的“八〇后”邻家男孩，腼腆内秀，思路清晰。他清楚自己喜欢什么，想做什么，并且照着自己的想法一步一步地前行。他就是在做着他喜欢做的事，所以他愉快地“累着”并一直在“做着”。

后来他告诉我，母亲一直在咳嗽，总也不好，他要带母亲去上海检查。

我说：“赶紧去啊，你妈妈真是个非常好的人，一定要对她好。”

“嗯嗯嗯。”他点头如捣蒜，就是一个邻家最乖的男孩。

第十七章

新锦绣记　二

日本民艺一代宗师柳宗悦先生在其著作《日本手工艺》前言里说："手与机器根本的区别在于，手总是与心相连，而机器则是无心的。所以手工艺作业中会发生奇迹，因为那不是单纯的手在劳动，背后有心的控制，使手制作物品，给予劳动的快乐，使人遵守道德，这才是赋予物品美之性质的因素。所以，手工艺作业也可以说成是心之作业。"

我以为，刺绣这门手艺，真正是指尖连着心性的，一根银针，几缕丝线，人世间的花鸟虫鱼、风花雪月、悲欢离合都能在一针一线中活灵活现地呈现。苏绣七大类四十余种针法，可以幻化出世界上最真最美的图画。所以，我希望能有最有灵性的人来做这件最安静的事。前辈大师创造的辉煌是昨天的荣耀，今天的百花齐放、百家争鸣也未必不是好事。但是，就是这门手艺，我发现年轻人真正愿意全身心投入的，越来越少。据说，目前"八〇后"年轻人做刺绣的总数不会超过50人。上个世纪五十年代，苏州城乡绣娘总数曾达42000人。即便今天的镇湖还有八千绣娘存在，那么，这50人几乎就是汪洋中的一滴水，几乎掀不起什么浪花。2017年苏州市民协举办一年一度的民间艺术节，在精品展作品的评选上，我发现，相对于其他门类而言，刺绣的总体水平不是很乐观，特别是"八〇后""九〇后”的作品，特别亮眼出挑的几乎没有。当然，年纪轻、技术水平尚需磨练是一个方面，但是，基本功要想扎实过硬，确实有待于整体的精进提高，这是毋庸讳言不可否认的客观事实。

本地“八〇后”“九〇后”的姑娘一般都是独生子女，成绩好的出去读大学后也不一定回来了，就是回来了，大多数也不愿意回到绷架前，一天天、一月月、一年年在穿针引线中度过自己的青春年华。女儿跟着母亲学绣花，一学就是一辈子，然后把针线绣绷再传给自己女儿，这一习俗在当代几乎已经不存在了。今天的镇湖，你可以看见 80 多岁的老好婆戴着老花镜，还在窗前绣花的情景，但是，如果你看见特别年轻的姑娘做刺绣，十有八九是外来妹。年轻的本地姑娘学刺绣的有没有呢？还是有的，但是，人数极少，而且还在不断流失。比如一位“九〇后”本地姑娘，学了两年，已经绣得很好了，突然就不做了。因为，她觉得太辛苦了。

1984 年出生的小徐，是宿迁泗阳人。因为姑姑、姑父很早就在苏州工作了，所以，1999 年她初中毕业后来到苏州，在前男友亲戚那里学刺绣，当时主要学的是细乱针。小徐在师父的工作室做绣娘，一直做到 2007 年。2007 年生孩子之后，就在家做加工活，请了十几位本地四五十岁的阿姨在家做活。做手

工绣，一般认为做乱针绣比较挣钱。因为做平绣是最考基本功的，技艺稍差，一眼就看得出。所以，现如今愿意做平绣的人很少，平绣做得好的人更少。2016 年小徐终于在镇湖城区开了自己的店，现在家里还剩 3 位绣娘继续在做加工，店里也有 3 位绣娘。

小徐目前感觉最大的困难是没有好的画作作为刺绣的素材。古时候，绣娘刺绣做女红，因为大门不出二门不迈，所以，家里画白粉的大多是自己的丈夫，有文化的就画画，文化不高的大致也可以依样画葫芦地描花样。后来的情况是，国营刺绣研究所里的绣娘们最省心，只管绣花，不管其他，所里自有专门的设计图案花样的优秀画家，为她们量身定制合适的画稿，销售也都不需要她们操心，所以，她们只需要一心一意把自己手里的活干好就算功德圆满了。因此那些年出了很多非常优秀的苏绣名家，群星璀璨，她们为国家文化交流、经济发展做出了特有的贡献，功成名就，在苏绣艺术史上青史留名，光芒闪耀。

改革开放之后，除了古画没有版权问题，那些当代画家、摄影家的作品，经过最初的争相模仿、肆意抄袭的乱象之后，终于引发了几场著名的版权官司，以画家、摄影家的维权胜利而告终，至此，绣娘们也慢慢开始有了版权意识，懂得了侵权后果的严重性。同时带来了创作上的一大瓶颈：刺绣本是二度创作，绣娘本身一般不具备自己设计画稿的能力，除了古画，她们的画稿素材从哪里来？一些有实力的刺绣名家，可以和画家、摄影家沟通协调，达到合作共赢的良性循环，或者干脆买下原创作品版权。但是，对于年轻未成名的绣娘来说，不具备经济实力和社会影响力，买断版权还存在很大的难度。虽然有关部门也对此做过很多努力，比如，和美协签约，制定战略合作伙伴关系等等，但是这种群体签约行为，很难落到实处，事实上也收效甚微。关键问题还在于不是每一位画家、摄影家的作品都是适合刺绣二度创作的。过去国营企业画家量身定做绣稿的时代一去不复返了。双方的需求不能做到点对点的无缝衔接。

小徐还算幸运的，通过儿子学萨克斯的老师介绍，认识了胥口的画家朱墨春，朱老师人很好，给了小徐几幅自己的画，让她绣，他不要小徐出钱买。小徐得奖的作品，都是绣的他的画。小徐也懂得知恩图报，总是把得奖的那幅作品送给他，然后自己再绣。

小徐说："现在，选择做刺绣的只有两种人，一种是实在喜欢的，一种是实在找不到其他工作的，才会去做刺绣。很多人，就是做了也不会长久。一旦家里拆迁了，有钱了，也就不想做

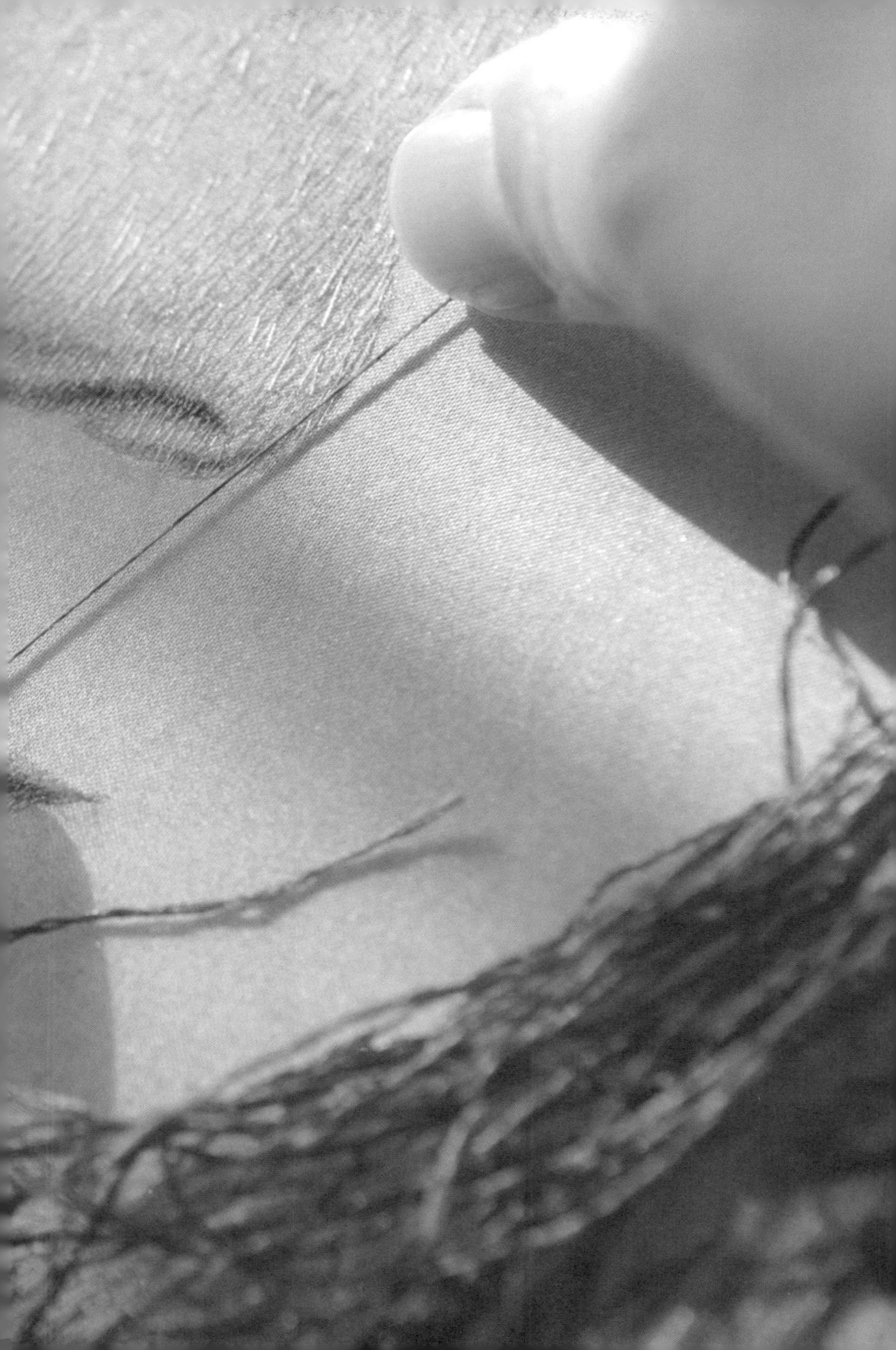

2018 年 4 月摄于镇湖绣品街

小徐说："现在，选择做刺绣的只有两种人：一种是实在喜欢的，一种是实在找不到其他工作的。很多人，就是做了也不会长久"。镇湖绣品街上，"八〇后"开的店大约有五六家。现在，她终于有了自己的店，"有个店，能让人知道还有一个我。以前在家都是替人加工，不留名。现在，产品可以署上自己的名字了。"

了。我很早就想开个店,生完孩子就想开了。因为要带孩子,没有办法,只能在家做加工。现在有人替自己接送小孩了,就可以开店了。据我了解,镇湖绣品街上,'八〇后'开的店大约有五六家,其中外地人大约两三家,每家店大约用四个绣娘。开店两年来,虽然感觉压力还是蛮大的,但是只要能维持生活,我就一定会开下去。有个店,能让人知道还有一个我。以前在家都是替人加工,不留名,现在,产品可以署上自己的名字了。"

2017年,小徐报名去工艺美院大专成人班读书,2019年毕业。一个月上一周课,学素描、画画、书法、电脑、设计……她对以后开店的前景还是有信心的。她说客人很喜欢自己绣的细乱针作品。2018年3月18日,一个美国人带着他的华人妻子和他们的孩子来到她的店里,一下子买走了她的三幅作品,这让她好高兴,"我17岁开始做刺绣,现在35岁了。可能是手势问题,我平绣绣不齐,4丝做,2丝补,可以平一些。乱针还是很灵的。"

一位外地姑娘,嫁到光福,又在镇湖扎下根,18年的坎坷波折,真心不容易。所以,无论在家,在社会上,在绣娘群里,还是在年轻手艺人的小团体里,她都希望自己能做得更好,她非常热心,非常懂事,甚至为人处世上,都更小心和克制,显示出比她的同龄人更多的成熟和明理。真心祝愿她在创作上更加进步,人生的道路越走越宽。天道酬勤,一分耕耘一分收获,所有的努力都会有回报,无论做事做人。希望她技艺精进,做人通达,收获满满。

第十八章

新锦绣记

古人说的“纺绩”,纺多指纺丝,绩多指缉麻。丝线纺好后,一般再用织机织成帛,丝织品有锦、绫、罗、纱、绢等品种。罗、纱、绢是平纹织物,绫细薄,织纹呈斜四边形。锦是用染好颜色的彩色经纬线,经提花、织造而成,多用于服饰日用及书画装裱,蜀锦、宋锦、云锦最为著名。

缂丝,又称刻丝、尅丝,也是一种丝织品。锦缎一般采用通经通纬的织法,缂丝采用通经断纬的织法,也就是经丝贯通织品,由不贯通全幅的纬丝来显现花纹。据说,通经断纬的织法,最早来自于西域缂毛织法,由回鹘人传到中原。相传缂丝由织造技术高度发达的隋唐时代的织成锦演变而来,到宋代才有缂丝之称。织成锦全以彩丝或金缕织成,而缂丝纬线使用彩丝,经线不用彩丝。在图案轮廓上遇有经纬相接时,遗留的断痕,看似用尖刀镂刻一般,所以称刻丝。缂丝作品摹刻书画作品,法书佛像、山水人物、花鸟虫鱼,无所不包,也广泛运用于庙堂、官服。缂丝发展到宋代,技术已经成熟,据宋人庄绰著《鸡肋篇》记载,北宋时代,定州(今河北定县)缂丝最为有名。南宋王朝迁都杭州后,政治、经济、文化中心随之南移,明朝四百年间,缂丝工艺,只有苏州、北京两地有。1949 年左右,只剩下苏州城郊一支百十人的缂丝队伍。其中一些人后来被邀请到苏州刺绣研究所，和刺绣艺人一起创作。

缂丝采用通经断纬，细经粗纬，白经彩纬，直经曲纬。通俗地说，就是本色经细，彩色纬粗，以纬缂经，只显彩色纬线不露经线。清代时，用于缂丝的彩色纬线已达6000多种，远比绘画色彩变化更为丰富。

缂丝生产的工具就是木机、梭子和竹制的拔子。工具简单，却易学难精。缂丝需要用色梭，如果在一根纬线上遇有几种不同颜色的图案花纹，就需要同数量梭子依样缂织。纬线的疏密松紧合宜，梭拔使用得当，需要非常高的技巧。缂丝要懂画理，才能缂织出书画作品的精髓。所以，缂丝的艺术性很强。

缂丝织成纹样，正反两面，一模一样，极富装饰性（后来，王金山大师创出了正反两面图案、纹样、颜色完全不一样的“全异缂丝”技艺）；可随意配色，不受机作局限，能缂织最为复杂的画面，而且色彩醒目；尺寸大如屏障、台毯，小如书签，长如画卷，圆如团扇都可缂织，大小、长短、方圆有比较宽松的选择余地。

“曾闻人说缂丝难，莫作寻常黹绣看。”这两句宋徽宗题在缂丝作品“碧桃蝶雀图”上的诗句，形象地道出了缂丝的制作之难。缂丝工艺耗时费工，某种程度而言，比刺绣的成品完工

时间更长，每天只能织几厘米。朱启钤先生在《丝绣笔记》说，“如制妇人一衣，终岁方成。”所以，才会有“织中之圣”“一寸缂丝一寸金”的说法，价格高昂。

近年来为了适应市场，缂丝也开发了很多文创产品，宫扇、团扇、手提包、钱包、书籍封面、香囊、屏风、中堂、屏条、册首、靠垫等等，相对“皇宫御用品”而言，属于老百姓也消费得起的商品。但是，真正好的东西，还是价格不菲的。

听说王金山大师那里，现在慕名来了甘肃、辽宁、广东、内蒙古等地的年轻学艺人，这些人的情况我不了解，我认识一个本地姑娘黄佳丽，她也在王大师那里学习过的。

佳丽出生于1991年，人如其名，是位天生丽质的“九〇后”。她大专学的专业是计算机应用技术，2015年，从光福嫁到东渚，婆婆家是做缂丝的，所以，嫁过来之后，佳丽开始跟婆婆学做缂丝。

佳丽说：“从最简单的开始学，婆婆会在旁边指点，厂里的阿姨也会指点。一梭一梭地重复，感觉比较枯燥，做做很无聊。学着做花纹之后，就开始有了自己的思考。开始做兰花扇面，坐在那里做着做着，就不想站起来，连卫生间都不想去，觉得还是很有乐趣的。就想着今后会做更复杂点，更有难度的。”我看过佳丽2017年做的一幅“玉兰”，这幅作品做了半年才做好，已经很不错了。

“缂丝的工艺流程有16道工序，缺一不可，最后就是这修毛头，做工太细太细了，感觉我可以修到天荒地老……

“一开始，我对缂丝也没感觉，但是，每当看到成品出来，就会有心动、心跳的感觉，觉得这个东西很美，很有价值。相信我会一直坚持下去的。

“缂丝做敦煌壁画‘水月观音’，成品完全跟照片一致甚至更为精细。整幅缂丝作品几乎没有用单根丝线的地方，全部都是几色拼线制作，不仅耗时还非常考验绣娘的技艺，对色彩的把握，每一个细节都要经得起推敲。光看反面的线头就知道有多重工，每一个细节都勾勒得恰到好处。整幅尺寸70厘米×70厘米，是每天几厘米几厘米做出来的，纯手工制作需要凝聚一个人多少的心力去完成啊。水月观音坐于月光之下，肌肤已变黑，她披绿巾着红裙，安宁自然地坐于绿色岩石上，背景有假山和几株翠竹，对面善财童子敬拜观音，右下角唐僧师徒牵着白马，向着观音朝拜。价高啊……”

佳丽说的这幅作品，绣娘花费了一年的时间织就，这位绣娘技艺精湛，非常用心，每做几梭都会停下来认真去看原图的

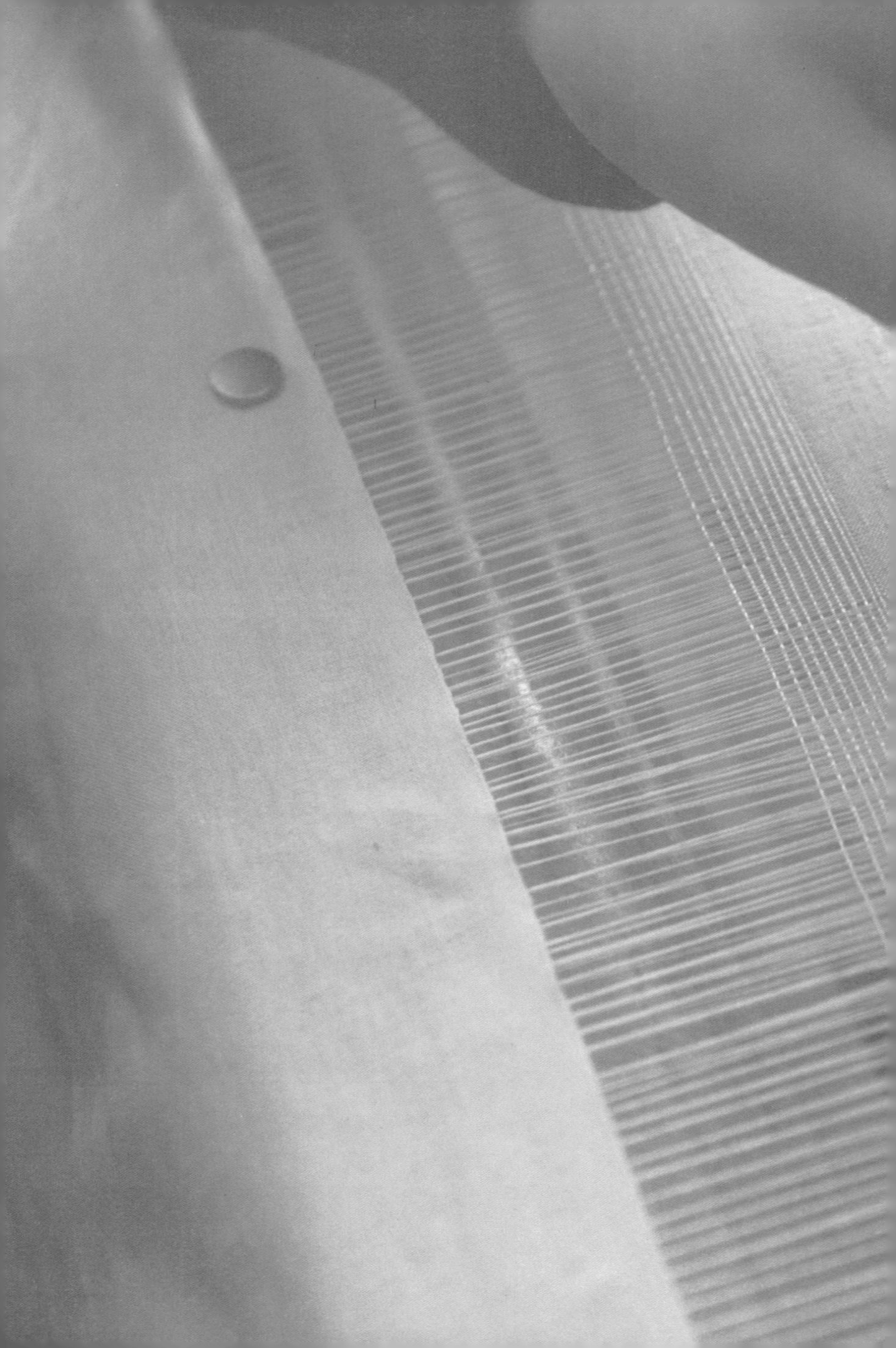

细节色彩，投入了相当大的心血，每天只能做几厘米。她运用的应该是创于明代的双子母经织法。这种双经（细丝）织法比单经（粗丝），更具有灵活性和表现力。

佳丽说，每天去厂里，每天走过那架织机，看着作品一点点做出来，卖出去时，心里真的会有舍不得的感觉。

佳丽的婆婆读完高中就去苏州缂丝厂学习，做了30多年缂丝，开厂也已经20多年了。厂子里有20多个人，空机还有好几台，一直在招人，不好招。缂丝有难度，最好有点基础。厂里现在花鸟、唐卡、山水都做。一般都是定制的，只有定金，不会打全款的。价格要计工时费加成本，利润非常薄的。唐卡一做六七年，耗时耗力耗神，几乎不赚钱的。即使不赚钱，也要维持下去。有一张横幅2米4的唐卡，已经做了6年多了，到2018年，就是第7个年头了。估计再过1年多应该可以完成了。这幅唐卡是用3米缂丝机做的。3米的缂丝机厂里有十多台，还有1台5米的，现在厂里正在定做一个18米的大缂丝机，做唐卡用。60到80厘米的缂丝机也有不少。

竹制的梭子、拨子都是老的，已经没有人做了，也没地方买了，要找也只能去过去老工人手里去收。做的人当宝贝，不做的人就丢掉了。我注意到，缂丝机上，绣娘手里的拨子都用得有了包浆。缂丝机是木头做的,不用就拆掉了,当柴禾烧了。佳丽妈妈年轻时也做过缂丝的,后来做的人少了,就进厂上班了。原来有两台缂丝机,都拆掉了。像佳丽妈妈那样五十出头年纪的手艺人本来不少,她们二三十岁时做缂丝很多的,后来就渐渐少了。现在的年轻人几乎没人做了。婆婆厂里这二十多个人,都是四十岁以上的人,做了半辈子缂丝。

佳丽刚开始决定学手艺时,还没嫁过来,男朋友不喜欢缂丝,不爱做。婆婆很心痛,缂丝这门技艺,已经融入婆婆的骨子里,成为了她生命的一部分。儿子不愿意学,她问准媳妇:“你愿不愿意学?”佳丽当时回答:“愿意学的。”当时的佳丽,对缂丝并没有很深的了解,只为婆婆年纪大了,愿意替她分担一点。现在,倒变成自己越来越喜欢,回答的愿意也成了自己内心深处的由衷之言。

目前佳丽帮助婆婆打理厂里的事务,杂事比较多,还有个小女儿要照顾,做缂丝的时间比较少。做缂丝非常耗时间,完成大作品,有一定的困难,总觉得时间不够用。

“做了30多年缂丝,2017年婆婆才申报了中级职称,她是个后知后觉的人,起步晚了一些。婆婆年轻时那个年代,女性不会出去跑生意,比较传统。过去家里只有婆婆一个人支撑工

2018 年 4 月摄于东渚镇

天生丽质的佳丽是“九〇后”，长得非常美丽。2015 年从光福嫁到东渚，开始跟婆婆学做缂丝。佳丽说：“缂丝的工艺流程有 16 道工序，缺一不可，最后就是这修毛头，做工太细太细了，感觉我可以修到天荒地老……一开始，我对缂丝也没感觉，但是，每当看到成品出来，就会有心动、心跳的感觉，觉得这个东西很美，很有价值。相信我会一直坚持下去的。每天去厂里，每天走过那架织机，看着作品一点点做出来，卖出去时，心里真的会有舍不得的感觉。”

厂,很辛苦,很不容易,也很辛酸。客户全靠口碑和朋友介绍。2017 年我们才开始出去参加展会,也是希望多接触点客户。之前都是她一个人,现在有了我,两个人一起去。婆婆对我很好,她很好相处的。”

前面我们说到的李晶团扇的缂丝面料,就是来自佳丽家的珍刻堂工作室。其实扇面在缂丝产品中,只是一个很小的品类,真正能体现缂丝水平的,还是仿古画。单靠扇面,是救不了缂丝这个产业的。但是,扇面的销售,对宣传推广缂丝这门古老的技艺是有益处的。

前面我说到过“九〇后”核雕师朱蒙佳策划的那个展览,在展厅里我看见了现场演示的缂丝机,问起现场互动缂丝艺人的情况。小朱就带我去光福陆老师家看她的作品。当时佳丽说,“我也要去。”我们就一起去了。我发现,陆老师一件件展示作品时,佳丽看得格外认真。后来我问佳丽:“你看了陆老师的东西,有什么感受?”

佳丽说:“陆老师的选题和制作很好。她做的现代画家作品,简洁简约,更符合现在年轻人的偏好。”

第十九章

新锦绣记　四

罗衣何飘飘，轻裾随风还。我国丝织品中，所谓绫罗绸缎，相较于光洁的绫、细腻的绸、厚密的缎，罗更为轻盈雅致，华贵高洁。这一章，和大家说说罗。

“罗”的最初的意思是指捕鸟的网，后来人们将表面布满孔眼或者局部有孔眼的织物也称为罗。一般面料，按照经纬线交叠形式的不同，形成“平纹”“斜纹”“缎纹”三原组织，经衍变，可以形成更为复杂的组织。罗，又称绞罗，经线如扭麻花一样相绞，这种绞经织物的专业名称叫做“纱罗组织”。经线相绞，产生罗孔。按照每组相绞的经线数量的不同，有二经绞罗、三经绞罗和四经绞罗。二经绞罗和三经绞罗目前已可以机器生产，但一天只能生产十余米。四经绞罗只能用传统木织机手工织造，一般用于文物复制。单一的绞经织物，叫素罗；纱组织与平纹组织沿纵向联合，使罗面料的孔洞横向排布的，叫横罗；纱组织与平纹组织沿横向联合，使罗面料的孔洞纵向排布的，叫直罗；在纱罗组织基础上提花的织物，叫花罗。

不是所有有孔眼的面料都叫罗，有一种“假纱组织”，孔眼部分为平纹组织，没有绞经结构。如湖南长沙马王堆出土的著名的素纱禅衣，虽质地轻薄，孔眼布满，但属假纱，不是纱罗。

距今6000年历史的西安半坡仰韶文化出土的陶器上，就带有少量的罗织物的印痕。1984 年,河南郑州考古所在荥阳县青台村仰韶文化遗址中,发掘了一块浅绛色的罗织物。这块罗织物距今已有 5600 多年的历史,是迄今为止全世界发现的最早的丝绸织物。研究鉴定,一者它是左右经线相互绞绕的罗织物,二者它是迄今为止发现最早的带有色泽的丝织物。专家推测,这块浅绛色罗是先经过练丝再染色的,所用的颜料可能是赭铁矿一类。三者是有关它的用途。这块罗织物是在该遗址的婴幼儿瓮棺中发现的,用来包裹儿童的尸体。在古代中国有着“布以养生,帛以送死”的传统。先民们认为蚕的一生非常神圣,其由卵到蚕,作茧自缚而成蛹,破茧而出羽化成蛾,是和天地生死联系在一起的,所以觉得用蚕丝做成的丝织品具有通天地的神奇功能,因此死后灵魂想要升天就必须用丝织品或丝绵把身体包裹起来,形成一个人工的“茧子”。这就是先人用丝绸包裹尸体的原因。河南出土的罗织物,使文献中有关黄帝及嫘祖“育蚕、取丝、造机杼作衣”的传说有了实物佐证。

历代后妃的六服中最高级别叫翟衣,便是以罗、锦为面料,配以素纱为底制成。商周时期,出现了两经相绞和四经相绞的素罗。秦汉出现了提花织物。隋唐时期,织罗技术与印花技术结合,出现了美观及富有新意的织罗。唐代的官服,要求五品

2018年5月摄于木渎

父母并没有给他们很多压力，并不要求啸行夫妻马上接班。但是，不知不觉中，小夫妻俩开始向织罗这门传统的工艺慢慢地靠拢了。在写作此书期间，我正为单位策划全民艺术普及慕课课程，邀啸行做一课。小伙子认认真真写了课件，他告诉我说，为了课件，那天他们召开家庭会议，讨论了纱和罗的区别，一家人争得面红耳赤，分成几派意见，谁都不服谁。

及以上必须用罗面料。罗是最能代表唐代丝织水平的丝绸产品。罗衣、罗裳、罗裙、罗袖、罗带、罗袜、罗帐、罗幕都是优雅美丽之物。唐代周昉的《簪花仕女图》(据沈从文先生在著作《中国古代服饰研究》中对此画中几位女子服饰细节的研究考证,他认为头上的花可能是宋代后加,扁金项圈的戴法和式样,疑似清代后加),画中仕女穿罗着绫,“斗钿花筐金匣恰,舞衣罗薄纤腰”,罗裳薄透凝脂,衣袂飘飘,美不胜收。罗这种古老的丝织物,不仅质地轻盈,纹理还特别优雅,若隐若现。宋代是罗织物的鼎盛时期,出现了孔雀罗、香宝花罗。宋代福州黄昇墓出土的深烟色牡丹花罗背心,重量仅为16.7克。“举之若无,裁以为衣,真若烟雾。”元代工匠在纱罗中织入金线,出现了奢华的“销金绫罗”。明代,太祖朱元璋甚至严格规定庶人、农人、商贾不得穿罗。明清时期是我国手工织造技术的顶峰,纱罗品种更加丰富,开始采用妆花手法织入金线。清代和珅被抄家后,《天水冰山录》记载抄获了大量的素罗、云罗、遍地金罗、闪色罗、织金罗、红妆花凤女裙罗、绿妆花凤女衣罗等等。由于工艺繁复,造价高昂,罗的织造技艺,在清末逐渐湮没于民间。

苏州锦达苏罗公司,经过40多年的努力,通过研究历史典籍、考古发现,尝试恢复织罗的技艺,已能生产横罗、直罗、变化罗、提花罗、宽幅提花纹纱、香云纱胚料等全真丝产品。公司全年销售产量达80万米左右，主要出口日本、韩国。之前国内市场鲜有同类产品，近年来花罗旗袍、花罗汉服、花罗围巾、香云纱织物、罗扇、罗灯，已慢慢地回到了人们的视线。

九年前，我写过一篇《我的绫罗绸缎》。在拙作《水做的女人》中，也花了一章专门来说丝绸。凭着自己对丝绸与生俱来的喜爱，自以为自己是比较了解丝绸的了。2016年，央视的一部纪录片《锦绣记》里，看见详细介绍莨绸的制作过程的片段，我还是很触动的。这个不是苏州本地产品，制作方式迄今为止还基本以传统手工为主，其生产工艺和劳动强度令我吃惊。

莨薯汁染色，再一遍遍涂河泥，一次次晾晒……过去，按标准流程的重复次数起码要30遍。目前，有10遍就很不错啦。主要产地是广东顺德伦教，我记住了这个地名。打开衣橱，我找出了一件旗袍、一条连衣裙和两件上衣，呵呵，我有这种面料做的衣服啊，这是我们苏州人俗称香云纱的面料啊！终于知道为什么香云纱的衣服总是那么贵，那样的天然，那样的人工，真正是物有所值的。

香云纱，北京人叫靠纱的，其实正式名称叫莨纱绸，它分莨纱与莨绸，两者的后续染整工艺相同，不同的是，莨纱用的是绞

纱提花组织的蚕丝白坯料，莨绸用的是平纹组织坯料。纱坯轻薄透气，穿着非常舒服，涂料上色时，因为纱坯有孔，所以常常会产生“透莨”现象，就是莨薯的颜色透过孔洞漏到面料的反面。也是因为孔洞，比起平纹的面料，纱的颜色附着点面积相对比较小，色牢度会稍稍差一点，所以成品每次洗涤时，都会有少许微小碎屑落下。纱坯生产工艺失传了很多年，近年来，才终于恢复少量生产。这少量的绞纱坯料，就有苏罗的产品。所以，其实目前我们大多数人所穿的所谓香云纱，应该是莨绸，不是莨纱。不过我知道，我所穿的莨绸，一落水，奇迹般地柔软，一晾干，便十分硬挺。这种神奇无比的织物，此生值得拥有。

2014 年 11 月 10 日，亚太经合组织领导人晚宴，全体首脑着宋锦中装亮相，惊艳世界。宋锦是我们苏州的工艺，以往人们只知道它是装裱书画锦盒的绫子，不知道它也可以做衣服。前几日做“品苏”手艺体验活动，就包含宋锦鉴赏和体验。听众和记者问我最多的一个问题，就是宋锦和蜀锦、云锦的区别。三大名锦的特色，不是一句两句话说得清的，只能简单说，战国起、汉唐兴的蜀锦历史更久些吧，始于东晋的南京云锦更光彩富丽、质地厚实些吧。

而宋代丝绸最著名的就是宋锦，产在苏州，所以习惯称呼

"苏州宋锦"。它从隋唐织锦发展而来,论历史悠久比不过蜀锦、云锦,但是,它古朴典雅,质地细腻,堪称锦绣之冠。苏州是丝绸之乡,宋锦是苏州丝绸的骄傲,2006年进入首批国家级非遗项目,2009年列入联合国科教文组织世界遗产名录。宋锦特有的三枚斜纹组织,两经三纬,底经是有色熟丝做底纹,面经是本色生丝做纬线结接经。种类又分大锦(重锦、细锦),主要用于高贵书画、高级礼盒、特种服装、花边;合锦(匣锦),主要用于立轴、屏条、礼品盒;小锦(月华锦),主要用于小件包装盒。图案骨架都是几何纹,内填花卉、瑞草,八宝(古钱、书、画、琴、棋等),八仙(扇子、宝剑、柏枝、笛子、荷花等),八吉祥(宝壶、花伞、法轮、百结、莲花、双鱼、海螺等),色彩调和,很少用对比色,所以比较古雅。

丝绸博物馆就在我单位隔壁,宋锦、漳缎目前的传承人就在博物馆工作,和我比较熟悉。我问她:"有没有'八〇后''九〇后'跟你学这个?"她说"没有呀!"我听了很失望。没有办法写宋锦,就写写罗吧。

我初识啸行的妈妈笑苏,是在苏州市委宣传部举办的在浙江大学为期一周的姑苏文化宣传人才培训班上。那时天很热,四十度高温下,我们每天步行四次,从住宿的酒店到教室去上

课。同屋的版画家小鱼和我一向投缘,我们经常交流各种审美心得。她对我说:“怀老师,我发现有个人的眼镜链子是珍珠串起来的,好优雅。”她说的就是笑苏。其实我注意笑苏也不是一两天了,只是因为我被安排在最前排听课,平时几乎不回头看,所以一直没机会打招呼。我也注意到了她的珍珠眼镜链子,确实漂亮,在如此炎热的天气下,大家都汗如雨下、气喘吁吁,好不容易爬上四楼教室,珍珠能让人感觉凉意。但是,更吸引我的是她的两条连衣裙。花纹若隐若现,质地非常高雅。她从我身边走过,我匆匆一瞥,真丝是肯定的,只是,我琢磨了两天,都没有想明白具体是什么面料?就我对丝绸的了解,素绉缎、层云缎、烂花绡、乔其纱、东风纱、电力纺、斜纹绸、印花双绉、绢、绫……几乎没有啥是我认不出来的,我也和小鱼讨论过,到底是啥料子呢?有一次终于在酒店电梯里遇见了笑苏,我实在忍不住了,就说出了心中的疑问。她告诉了我和小鱼,她穿的是罗。真正的罗裙,呵呵。

后来我去笑苏的厂里看她,碰见了她的儿子朱啸行,一位个子高高的帅小伙儿。啸行 1986 年出生在木渎。他说起家史,外公毕业于无锡洛社师范学院,曾任吴县北桥中心小学校长,后在吴县文化馆从事文物保护。外婆是苏州城里桃花坞人,木渎小学教师。父母都在吴县丝织二厂上班。1996 年，母亲笑苏带着 10 岁的啸行去了一次黄山，她对儿子说："这可能是妈妈最后一次带你出来玩啦。妈妈要开厂了，再也没有空啦。"这一年，笑苏 38 岁。从此以后，啸行就一直跟着外婆，一直到考上大学，才离开木渎。然后他去了法国留学。回国后，结婚生子，一直在上海工作。妻子是法国留学时的同学，他们的专业和所从事的工作，与父母的厂，风马牛不相及。

2014 年啸行一家人在园区博览中心参加创博会展览展示，期间销售了一些纱罗面料的围巾、扇子，好多人都问他们有没有实体店、淘宝店。他们只能回答都没有。2015 年 8 月，小夫妻俩就用业余时间开了家淘宝店，开始销售父母厂里的产品。原来以为没有多少人知道罗这样东西，没想到，一分钱广告没做过，目前为止，汉服、唐装、旗袍等，生意非常不错。

媳妇小杭，怀孕待产期间，在厂里呆了半年，开始了解罗的工艺。哺乳期间，她每天坐地铁去苏州大学学习组织结构，坚持了一个学期。其实，到目前为止，父母并没有给他们很多压力，并不要求他们马上接班。但是，不知不觉中，小夫妻俩开始向织罗这门传统的工艺慢慢地靠拢了。接下来，小杭要去一个高研班进修一个月，继续学习专业知识。2018 年 9 月，他们要

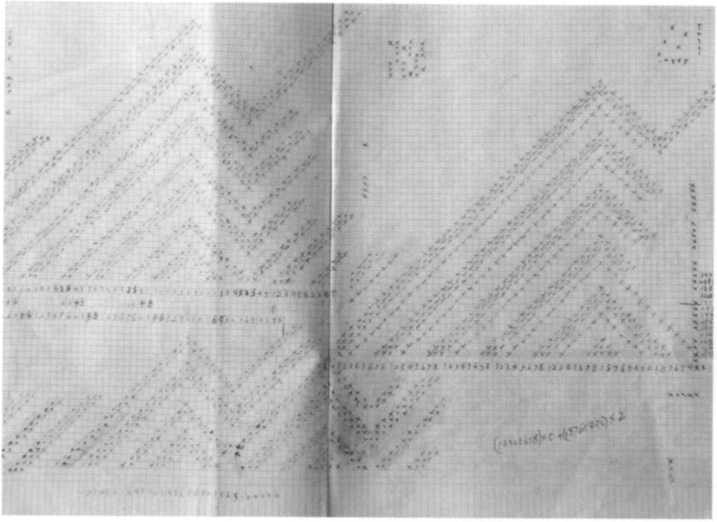

带着罗，去法国参加一个国际面料展，向世界推介我们传统的丝绸文化。

在写作此书期间，我正为单位策划全民艺术普及慕课课程，我想到了人们应该了解一下纱罗，所以邀啸行做一课。小伙子认认真真写了课件，他告诉我说，为了课件，那天他们召开家庭会议，讨论了纱和罗的区别，一家人争得面红耳赤，分成几派意见，谁都不服谁。明代之前，平纹的都叫纱，明代之后，绞状的都叫罗。最后，笑苏总结说："大家不要再纠结啥叫纱啥叫罗了。纱罗纱罗，密不可分，不要再刻意把它们分开了。"

笑苏说，丝绸符合人性，舒适、透气；又符合精神，可以使我们增强文化自信。这个行当，她做了 42 年，丈夫做了 43 年。至于啸行愿不愿意接班，什么时候接班，她不着急。她说，顺其自然，一切都是最好的安排。

第二十章

桃花灼灼

写这一章时，正是阳春三月，桃花灼灼。江南这个季节，正是莺飞草长，桃红柳绿。这一章主要讲年画，苏州桃花坞木版年画是必然要讲到的。

前些天看到一篇《中国各地国家级非遗项目年画名录汇》的文章，归纳整理，分析总结得非常到位，文中指出：

“年画是中国古代一种寓意吉祥的形象。在漫长的岁月里，随着年节风俗的演变而衍生形成的一种中国民间特殊的象征性装饰艺术，它的起源可以追溯到人类远古时期的自然崇拜观念和神灵信仰观念。中国早期的年画都与驱凶避邪、祈福迎祥这两个母题有着密切关系，在祈祷丰收、祭祀祖宗、驱妖除怪等年节风俗习俗化的过程中，逐渐出现了与之相适应的年节装饰艺术。”

文中列举了12个我国2006年首批国家级非遗项目名录的年画种类。

杨柳青木版年画题材广泛，采用刻绘结合的手法，刻工精美，绘制细腻，人物生动，色彩典雅，成为我国著名的年画品种之一，和苏州桃花坞木版年画一起，并称“南桃北柳”。

桃花坞木版年画曾流行于江苏、上海、浙江等处，远销湖北、河南、山东各地，并流传到国外，日本的浮世绘等版画艺术受其影响甚大,英国、法国、俄罗斯、德国等亦有桃花坞木版年画作品收藏。桃花坞木版年画的画、刻、印分为三大谱系,一般分为画稿、刻版、印刷、装裱和开相五道工序,其中刻版工序又分上样、刻版、敲底和修改四部分,其主要工具为“拳刀”,同时以弯凿(剔空)、扁凿、韭菜边、针凿、修根凿、扦凿、水钵、铁尺、小棕帚等工具配合使用。套色印刷亦有一套程序,主要包括看版、冲色配胶、选纸上料(夹纸)、摸版、扦纸、印刷、夹水等步骤。桃花坞木版年画继承了宋代的雕版印刷工艺,兼用人工着色和彩色套版,以门画、中堂、条屏为主要形式,题材多为祈福迎祥、驱凶避邪、时事风俗、戏曲故事等。

武强木版年画具有浓郁的乡土气息和地方特色,1985年,武强木版年画博物馆建立。1993年,武强县被文化部命名为“中国木版年画之乡”。

漳州年画以门画居多,门画又分粗、幼神及文、武神等种类。粗神指以大红或朱红纸为底印制的门画;幼神指直接以本色纸印制,而人物背景上自行调色套印淡红色的年画。文神指画面人物没有骑马或插旗的年画;武神则与文神相反,画面上人物一般要骑马或插旗。雕版分阳版和阴版两种,印制“幼神”人物背景色(红)的版为阴版,这种阴版的刻法和用法为全国所

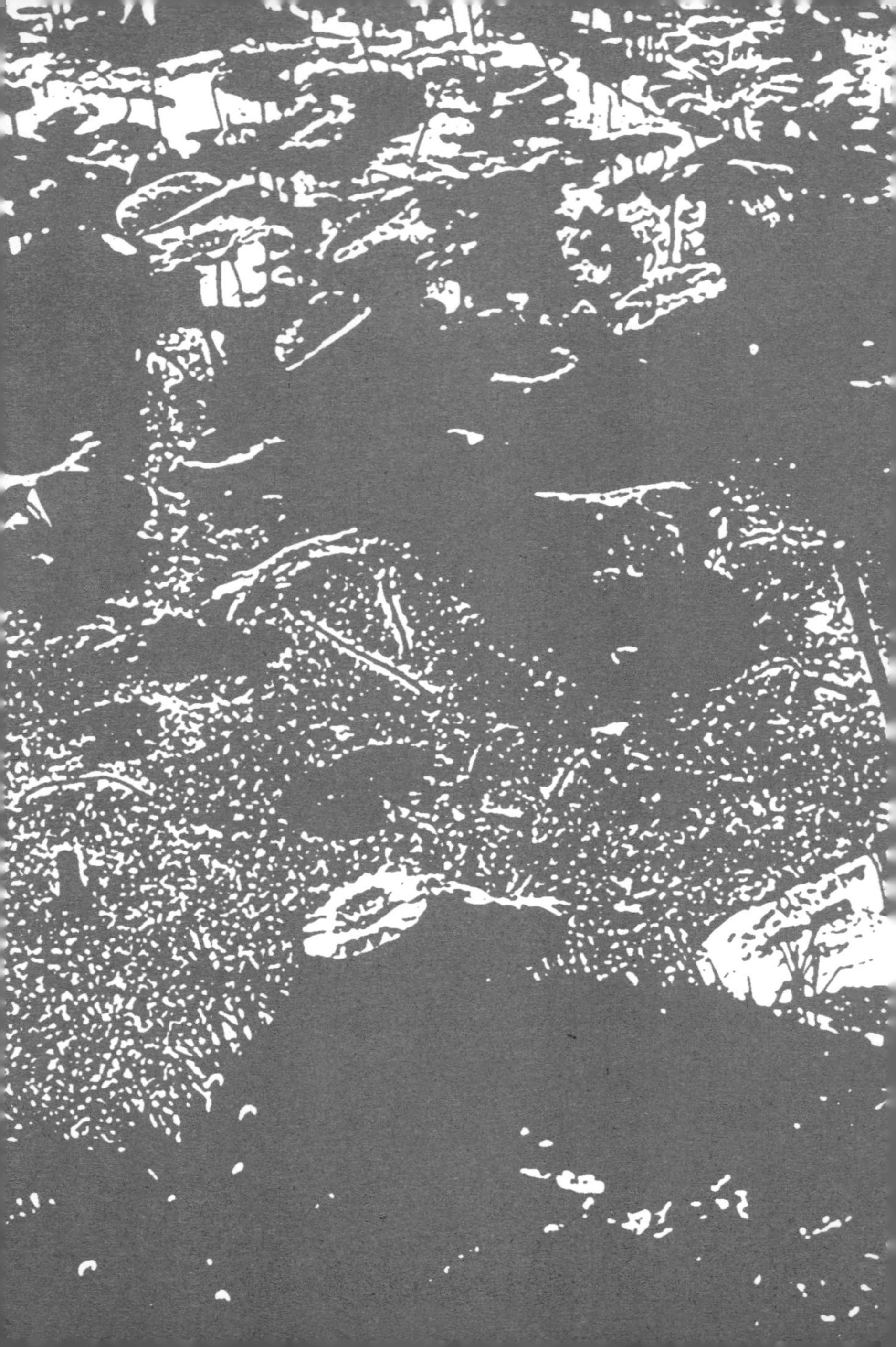

独有。作坊有“红房”和“黑房”之分，“黑房”专指印制文字书籍的作坊，“红房”则专指印制年画的作坊。

杨家埠木版年画制作方法简便，工艺精湛，色彩鲜艳，内容丰富。

山东省高密市姜庄的扑灰年画亦称“民间写意画”，作画时先用柳枝烧制的炭条打好草稿，然后用毛笔勾描，再用白纸拓印，一稿可拓扑多张，“扑灰”由此得名。扑灰后的画稿还要加以手绘，经多道工序后才能成画。扑灰年画技艺在高密地区的传承已是后继乏人。

朱仙镇木版年画十分讲究用色，以矿物、植物作原料，自行手工磨制颜料，磨出的颜料色彩十分纯净，以之印制的年画明快鲜艳，久不褪色，构图饱满匀称，线条简练粗犷，造型古朴夸张，艺术风格独特。题材多源于脍炙人口的民间故事、神话传说和戏曲等，种类繁多，形象生动。

滩头木版年画是湖南省唯一的手工木版水印年画，传统的滩头木版年画有四十多个品种，分为门神画像、吉祥寓意、戏文故事三大类。在滩头木版年画的工艺中，蒸纸、托胶、刷粉等传统工序均为滩头所独有，“开脸”也是有别于他处年画的独特技艺。滩头木版年画的制版难度在于线板雕刻，在这方面“高福昌”年画作坊的“陡刀立线”技术很有名，其行刀角度一致，使用均匀的暗劲，转折、交叉处稳当不乱，完全靠感觉和技巧把握。

佛山木版年画包括原画、木印、木印工笔三种类型，以题材划分，则有门画、神像画和岁时风俗画三种类型，其主要功用为祭祀、祈福和装饰环境，体现了人们驱邪纳福的愿望。

梁平木版年画的绘制技法上不仅继承了传统水印木版年画的工艺流程和川派雕刻技术，也吸取了徽派、金陵派的雕版套色技术，还运用西洋绘画中的焦点透视，巧施阴阳(明暗画法)，区分远近。其构图饱满简洁，人物夸张变形，色彩对比强烈，动静处理得当，造型古朴粗犷，使人过目难忘。

绵竹木版年画有“红货”和“黑货”之分，“红货”是指彩绘年画，“黑货”是指以烟墨或朱砂拓印的木版拓片。制作包括起稿、刻版、印墨、施彩、盖花等工序。其艺术特点一是手工彩绘；二是对称性构图；三是运用色相和色度对比，尤善用金色(如沥金、堆金、贴金)。最见特色的是“填水脚”(指用剩余颜料涂抹的一种样式)。

凤翔木版年画分门画、十美画、风俗画、戏剧故事画、神码画五大类，以手工雕版，土法印制，局部手绘染填，套上金银二色，色彩对比强烈，造型饱满夸张，保留了古版年画古朴自然的艺术风格。

中国传统民间木版画种类很多，有门面（包括门神、魁头、房门对、栏门判等），年画（包括中堂、配轴、屏条、横匹、格景、斗方、月光、窗顶、窗旁、炕围画等），窗画（包括彩印窗画、剪纸印画等），灯画（包括灯笼画、走马灯画、灯谜画等），幡画（包括彩印门笺、重阳旗、拂尘纸、桌围画等），神像（包括常供神像、仪式神像、神位牌、祖宗轴等），纸马（包括马甲、纸钱、纸钱面纸等），插图（包括扉页、小说绣像、小说全图、技艺图像、事物图像、地形图等），扎糊（包括冥器印件、冥衣包囊、版印风筝、墙纸、砑花笺、磨棱纸等），印记（包括店铺戳印、仿单、标签、商品包装等），博戏（包括叶子，酒牌、马吊牌、纸牌、彩选格等），其他（包括版印绣稿、版印扇面、消寒图、版印玩具、龙凤启、冥币等）。中国民间木版画历史甚至可以追溯到唐代，但一直到晚清李光庭《乡言解颐》才中正式使用“年画”一词，在这之前，只是笼统地称年画“画贴”“欢乐图”“画张”“纸画儿”，名称没有统一。上世纪四十年代起我国美术家开始参与旧年画的改进工作，并进行新年画的创作。

2012 年，为完成苏州市科协一项课题，我“千里走单骑”，一路北上，到河南开封、山东潍坊、河北武强、天津杨柳青年画社进行了走访调研。我了解到的当时的情况大致如下。

河南开封朱仙镇木版年画依托开封市博物馆成立了开封朱仙镇木版年画研究保护中心，在国家级传承人郭太运的指导下，进行着传承保护工作，其合作的合和文化传播有限公司开发的《开封朱仙镇年画精选》、长卷、卷轴等精品，年销售 40 万元左右。

山东潍坊杨家埠木版年画社由于体制原因，经营惨淡，人员流散，生存境况堪忧，它唯一值得骄傲的是库存的几百套古版，具有珍贵的历史价值。

河北衡水武强年画博物馆是 1985 年建立的中国第一家年画专题博物馆，它的展陈质朴，内容详实，拥有木刻画版、年画拓片、民俗文物等 1 万多件藏品，国家三级以上文物就达到 1000 多件。在普及、宣传、教育、传承等方面他们做了大量工作，但生产性保护工作没有提上议事日程，馆内专家、技术人员的编制、待遇等问题，仍然是他们面临的最困惑的问题。

天津杨柳青画社，年画本来是依托出版社生存的，但近三四年来，年画产品销量业绩已超过出版物，占到总销售额的半壁江山还不止。这种现象值得深入研究。天津杨柳青木版

2018 年 9 月摄于桃花坞大街

小俞对桃花坞木版年画，有他自己独特的理解。他认为，很多人说坚持传统，就是嘴上说说而已，仅仅把传统作为谋生的手段。他们根本就不理解传统的真正含义。重要的是发自内心的喜欢。小俞觉得，做传统的东西，要用传统的工具，不然就不是味道。用传统的工具做现代版画，做出来还是拳刀的味道，表达的内容是现代的。拳刀刻出的线条干净利落，和西洋刀不一样，无法替代。

年画博物馆拥有3535平方米的面积，6400余块画版、1万余张馆藏年画是它的宝贵财富，即便如此，公益性的博物馆在企业性的年画社里，也面临着一系列急需协调解决的问题。

我与国家级非遗传承人郭太运老先生进行过交谈，开封市博物馆的小伙子郑海涛开车带我去朱仙镇，当年那里尘土飞扬。潍坊年画社的杨志滨目前还和我保持着联系，我非常羡慕他们存放在小院平房里的古版，不知道这些古版现在怎样了？2012年我也访问了河北武强县武强年画博物馆的康英年先生，他带我仔细参观了博物馆所有作品。当年的感觉是，博物馆面积比较大，但是展陈方式非常老旧，严格意义上说，应该就是一个陈列馆。天津杨柳青的情况，和其他几家完全不同。接待我的女副总年纪不大，很有思路。天津杨柳青的发展路径，是其他各家无法参照和模仿的。

2017年，由中国民间文艺家协会扎口牵头，中国木版年画启动世界申遗，作为苏州桃花坞木版年画保护单位，我们填写了相关表格，签署了《木版年画——制作技艺及使用习俗申报列入联合国教科文组织人类非物质文化遗产代表作名录知情同意书》。当时一起申报的有三个项目，还有两个，一个是河南焦作的太极拳，一个是藏医药。由于联合国科教文组织规定每个国家两年才可以申报一个项目，所以文化部最后推的是太极拳，其他两项，就只能继续排队等候。2018 年 11 月 28 日“中国藏医药溶法”被正式列入联合国教科文组织人类非物质文化遗产代表名录。

桃花坞木版年画是苏州特有的一种传统美术作品。在明代，苏州已成为全国的版刻中心。唐代佛经扉画、宋元戏曲及小说插图的流行，使得书籍刻印术飞速发展，画家与雕工合作，雕版印刷技术广泛应用于年画生产而形成的木版年画，时称“姑苏版”。从墨版单线印刷后手工着色，发展到套版套色印刷，木版年画的生产有了设计、刻版和印刷的分工，一张设计稿，可以印刷成千上万张年画。到了清代，苏州城内的年画作坊大多集中在桃花坞大街和北寺塔前一带，所以从此就称为桃花坞木版年画了。

目前，我们一般把刻于明嘉靖十五年（1536 年）的《皇明一统地理图》，作为已知的苏州木版年画的最早作品，画面上只有山川湖海还没有出现人物。而一幅刻印于明万历二十五年（1597 年）的《寿星图》，表明其构图已非常成熟了。至于清雍正十二年（1734 年）的《姑苏阊门图》和清乾隆九年（1744 年）的《姑苏万年桥》，则已是艺术价值和历史价值极高的优秀

作品了。

桃花坞木版年画的内容丰富，不仅反映民俗，还反映时事。特别是“门画”最受欢迎。如贴于大门上的《神荼、郁垒》《秦琼、尉迟恭》，贴于房门上的《麒麟送子》《八仙》，还有专门贴在后门、粮仓、灶前、屋梁、牛棚、猪圈的年画。为了追求经济效益，年画作坊还印刷食品盒、礼盒、水果篮等商店招牌纸及炮仗纸。

清代，桃花坞木版年画常年行销苏、浙、皖、鲁、豫等地，并影响了这些地方的年画发展。桃花坞木版年画还流传海外，对日本的浮世绘产生很大影响。清康熙年间，一名到日本江户旅行的英国人带了一些桃花坞年画回英国，这些作品现藏于英国博物馆中。

鸦片战争以后，欧美新式铜版机、石印机进入中国，上海最先出现了石印年画、月份牌年画和胶版印刷年画。纯手工操作的木版年画因成本高、质量没有保证、缺乏竞争力而逐渐转向农村发展直至衰落。特别是太平天国时期，虎丘一带成为太平军和清军鏖战的战场，山塘街、冯桥等地被大火焚烧了七天，年画雕版尽毁，剩余的年画作坊集中到了桃花坞大街。中华人民共和国成立初期，桃花坞木版年画作坊只剩下“王荣兴”“朱荣记”“朱瑞记”三家。

“文革”期间,桃花坞木板年画所有刻版都已毁损。2016年我参与单位“姑苏繁华录——苏州桃花坞木版年画特展”工作,那次特展,我们向日本神户市立博物馆、町田市立国际版画美术馆和法国国家图书馆商借了“姑苏版”作品,我本人也曾亲自到辽宁省博物馆、沈阳故宫博物院、南京博物院商借展品,发现目前国内博物馆已知的“姑苏版”苏州桃花坞木版年画,只有从辽博借的那张清乾隆年间的轴装《西洋剧场图》。展览期间,日本广岛海杜美术馆的两名工作人员青木隆幸和相泽正彦先生特意过来观展,因为他们馆里也有大量“姑苏版”的藏品。这次特展期间,他们馆正在装修,所以无法出借展品给我们,但是,他们对我们这个展览高度关注。青木先生曾在《西洋剧场图》画前看了起码半个小时,回去后给美术馆发来了一个PDF文件,是日本昭和七年(1932年)三月美术研究所出版的美术研究资料第一辑《中国古版画图录》,第27页上就有那张辽博的《西洋剧场图》,只不过是黑白印刷品。这本图录,收录的就是昭和六年(1931)十一月由日本美术研究所举行的“中国版画展览”中的日本收藏家的藏品。

那么,苏州桃花坞木版年画是怎么传到日本去的呢?特展期间,我接待过的日本友人三山陵女士曾经做过研究并得出结论："江户时代，日本同外国的贸易仅限于同荷兰和中国两国。外国商船可以停靠的港口被限定为位于日本西端的九州岛的长崎，出入港口的船只上的货物都被官员记录在案……商船运来的中国货物被称为'唐物'，日本人很是珍惜。年画也是唐物中的一种。"其实，很多"姑苏版"桃花坞木版年画，也是在十七世纪由长崎再辗转传播欧洲各地的。

从2014年开始到2017年，我们都在做苏州桃花坞木版年画巡展，从苏州市到江苏省到全国各地再到西班牙马德里，共做了35场。我发现，国内无论老百姓还是其他画种的画家，看了我们的作品，都有不同程度的感动和震撼，西班牙的版画家也看得非常仔细，就连马德里的普通市民也很喜欢，主动报名到中国文化中心来体验观展。国外也很早就有版画，木版、铜版、石版、丝网都有，虽然年画的技法、工具、内容等等有其自身独有的特点，但是，绘画语言外国人看得懂。

费俞生于1988年，上海青浦人，2009年毕业于上海工艺美术学校装潢专业。他在学校学的是黑白木刻，经学校荣岩老师推荐，来到苏州顾志军工作室。6年后的2015年6月，他离开苏州，回到上海。

和很多"八〇后""九〇后"的年轻人一样，对传统文化的东西，他最初没有什么概念，进了工艺美校，一开始也就是觉得好玩。老师说："你读书不好，还是适合当学徒，去苏州吧。"2009 年 11 月 23 日他第一次从上海来到苏州去见顾老师，当天来回，他至今还记得顾老师说的一句话："面相不克，可以磨合磨合。"

来苏州后，费俞先学拳刀怎么用，刻直线、三角、圆，自己直接刻，不知其然，更不知所以然。然后，拿到了一本老师的老师叶金生的水浒叶子，他复印了整本，刻这本叶子，刻了整整一年，水浒叶子 36 张图都刻完了，虽然自己觉得刻得也不太好，但是刻的过程中，他有了切身的体会。两年后，他慢慢开了悟，才真正理解了这把刀蕴含着什么。意义不在于有这把刀就会刻，真正的意义在于赋予它生命力。

慢慢地，他开始做一些传统题材：花卉图、福字图，也做了一些现代的题材，一边开始学习印制，一边继续刻。其间，他也曾离开苏州回上海母校上了一学期课。他终于学会了用传统方法做现代的画，全部用拳刀，不用西洋刀。

21 岁毕业到苏州，6 年来他住在韭菜弄，桃花坞菜场的楼上，寂寞而孤独。他养了一只猫。每天去老师工作室，常年面对的人，就是老师、师母。看见老师那么拼命工作，他也不好意

思偷懒。他说自己很敏感，非常在意师长对他的看法，生怕哪里做得不够好，惹他们生气。他说：“师长就像我的父母，关心我，爱护我，同时也管束我。”

小俞对桃花坞木版年画，有他自己独特的理解。他认为，很多人说坚持传统，就是嘴上说说而已，仅仅把传统作为谋生的手段，他们根本就不理解传统的真正含义。很多落伍的东西也想沾“非遗”的光，很多人就是骗子，混口饭吃，根本就不理解什么叫“非遗”。其实，姓“桃”姓“版”不重要，技法也不重要，印刷都无所谓，重要的是传播手段，是发自内心的喜欢。

2015 年，小俞离开苏州回到上海，他的内心迷茫痛苦，不知道自己今后人生的出路在哪里。有一个阶段，他天天泡吧，胡吃海喝，把在苏州 6 年所挣的钱几乎都花光了，还得了糖尿病。这时候他感觉到，人还是要有约束的，不约束不行。

6 年来，受老师的影响太深，创作上摆脱不了老师的影子，点点滴滴，不知不觉，浸润太久，就连画出来的水彩画都和老师“一个模子”。对如何做自己，他感到迷惘，找不到前途。

回到母校，荣老师的话点醒了他：“你不能再这样下去了，要么和桃花坞死磕，要么靠拢浮世绘。”

荣老师到德国留学去了，他一手创办的版画工作室，就交给了小俞打理。然而,这个学校是没有版画专业的,小俞没有高学历,不可能进学校编制,只能做技师,技师的工资很低的,扣除五险一金后,每月收入4000多元,房租就要1500元,还要养活老婆孩子,真的很难。因为小俞深深知道荣老师创办这个版画工作室的不容易,老师去德国后,他愿意替他守住这个摊子。三年来,虽然很难,但是他明白了一个道理:喜爱才是最重要的。尤其是这一两年,有了家,有了孩子,更有了责任感。

大量印刷中的经验,对磨刀的了解,无法用语言来描述。刻刻磨磨、磨磨刻刻,慢慢就会磨出月牙形弯刀口了。他说:"我带过一位学扬州雕版的学生,用银镶嵌的红木做的拳刀,貌似很炫,但那个没有用的,我感觉,他学了两年,都白学了。因为,那不是出自内心的喜欢。我的第一把刀送人了,第二把刀我用到现在,是根据自己的手型,用刻版子的梨木,亲手用美工刀一点点削出来的。梨木细腻,缺点是没有油性。我的工具都是自己做的,我现在也做一点马莲在网上卖,也能稍微赚一点钱。"

小俞在上海受到了很多外来文化因素的影响。他有意学习日本浮世绘,向它靠拢。有意选有灰度的颜色,不用鲜艳的色彩,意图在寻找和挣扎中有所突破。都说苏州桃花坞木版年画影响了日本浮世绘，小俞仔细研究过，很多地方，两者还真是如出一辙。制作方法上，浮世绘一开始和姑苏版是一样的，颜色不是很鲜艳的，后来才亮了，变成了典型的日本配色。浮世绘不讲究工具，构图偏向西方构图，有透视，不讲究明暗关系，用色彩说话；一般用日本椴木板刻制，一版一色，很鲜艳的颜色；纸张与桃花坞年画不同，直接用马莲印制，不用装裱，而桃花坞木版年画用的是宣纸，需要吸湿、装裱。其实，日本浮世绘也在衰亡中，上海工艺美术学校和日本东京大学也有交流，日本人常常到中国来寻找支持。

小俞觉得，做传统的东西，要用传统的工具，不然就味道不对了。用传统的工具做现代版画，做出来还是拳刀的味道，只是表达的内容是现代的。拳刀刻出的线条干净利落，和西洋刀不一样，无法替代。

我的感觉是，拳刀已经成为小俞身体的一部分，融入了他的灵魂。此生他不会与它分离了。

第二十一章

枣梨芸香

约好采访吴亚东那天一早，他给我发来一条信息，提醒我今天有雨，请带好伞，并小心开车。这个出生于1989年的徐州小伙子，虽然尚未见面却如此周到细心，有点出乎我意料。

我到了高新区图书馆门口，他下来接我。小伙子瘦瘦的，细眉细眼，衬衣是立领的，颇有古风。他2012年毕业于杭州师范古汉语专业，学的是古籍修复和雕版印刷，这个范儿还真是对味。

大学毕业后，他在杭州永福寺佛教协会修刻、修补佛经文字雕版。2013年底去了南京图书馆工作了一阵，然后回徐州创办自己的工作室“元斋”。现在他在图书馆，配合做参观、展览、体验活动，是合作分成关系。架子上那些放木刻活字的纸盒子，他花了7个月的时间才做好，运过来后，3个人花了5天时间才上架完成。平时，他不做文字和版画雕刻，只做活字。除非关系很要好的私人定制，才难得刻印一下《道德经》之类的。他从来不印家谱。因为，家谱的字体和古籍活字雕版印刷完全不是一回事。

目前，刻版、印刷只能他自己做，装帧可以由三个在南京的同学完成。线装书的装帧有14道工序，无论六眼还是四眼，都是手工装订。穿线是最后一道工序，穿线之前有纸钉。关于纸钉，我多问了一句，晚上他就发来一个链接，是关于古籍修复工序的，其中有一张图片，详细展示了纸捻入眼的场景，纸钉穿好，会敲平不露痕迹后再装封面。单单这最后一道工序，不算此前诸多工序，每天最多也就能做2000—2400本，到极限了。

小吴的曾祖父曾经在扬州法华庵做过雕刻经版，1953年前后回到故乡，在公安局公章备案处刻章。他的祖父和父亲都没有做过这门手艺。冥冥之中，他也喜欢古典文化，报考了这个比较传统的专业。他的手艺师父就是课堂上的老师，他的传承方式，就是学院式的教学。

小吴2009年正式接触雕版印刷，所刻之经版、像版先后被南京栖霞寺、湖州天目山灵峰寺及多个公、私图书馆收藏。2016年他被推选为区级非物质文化遗产代表性传承人。2016年9月开始，小吴着手按照清武英殿聚珍版程式，将具有中国文化代表性的"活字印刷术"复制完成。

目前，国内开设雕版印刷专业的学校大概有：杭州师范、南艺、金陵科技学院、莫愁中专、清华、国美、央美。小吴那个班，当时有33个人，毕业后实际从事刻版、印刷的，只有他一个人。全国范围内，和他年龄相仿的，做这个的，可能20人不到。这门手艺特别累眼睛，他的眼睛近视每年以30—50度的

速度加深。

小吴现在用的字体，是《宋本广韵》的字体，老宋体，和电脑里的宋体、仿宋体不是一回事。这本书按266个韵排字。现存2000多字，印普通书可以，大部头不行。他认为康熙字典的字体太扭捏，太过追求完美。其实，他从2009年大二的时候就开始做这行了。

“老师说，从事手工艺的一定要安于清贫。我的理解就是心要静下来。当然，如果卖不出去，没办法传承。但是，必须先传承用心。”

他给我看了他工具的照片：拳刀、刻刀、挑刀、棕刷、棕帚……咦，居然和桃花坞木版年画一样。除了苏州桃花坞木版年画，其他工艺用拳刀的，我也还是第一次见呢。

我请他说说2009年到2017年，六年来，做这门手艺的感受。

“感受啊……一个字——难。回徐州开工作室的时候，中间闲了八个月，八个月啊，没有订单，几乎坚持不下去了。就在这个时候，终于来了一个订单。做手艺，先要学会做人，尊重手艺，我挺过来了。教学相长，在不断的实践中解决实际问题，释疑解惑，我还要正确理解文言文的细节微妙之处。再难，我也

2018 年 4 月摄于西园寺

图为亚东这位“八〇后”末小师父带着“九〇后”的徒弟在西园寺讲解五百罗汉的历史故事。亚东告诉我：“老师说，从事手工艺的一定要安于清贫。我理解为就是心要静下来。当然，卖不出去，没办法传承。但是，必须先传承用心。”我让他说说 2009 年到 2017 年这六年来，他做这门手艺的感受。他回答了一个字：“难”。摄影师告诉我说，他对镜头有拘束感，一离开镜头就轻松，一对着镜头就紧张，说他适合“佛系生活”。其实，小吴还真有佛缘的。

不是啥活都接的。要具有挑战性的，我看中的活，我才会有兴趣去做。我现在每年给加拿大的岩山寺刻印的东西都是限量版，他们卖得也蛮贵的，要二三百加元一幅。”

他谈到了近年来韩国争夺中国“四大发明”之一的印刷术发明权的事情，恰巧我中华书局的朋友送了我一本江晓原教授的签名本著作《中国古代技术文化》，我读过那篇《中韩印刷术发明权争夺战》。这篇文章提到，大唐咸通九年（868 年），王玠印造的现藏于伦敦大不列颠图书馆的雕版印刷《金刚经》，被公认为中国拥有雕版印刷发明权的实证。1996 年，韩国庆州佛国寺舍利塔内，发现了一件雕版印刷品《陀罗尼经咒》，据实物考证推算，大约印刷于 704—751 年，比王玠印造的雕版印刷《金刚经》早了一百多年，于是韩国学者得出结论，《陀罗尼经咒》是世界上最早的印刷品，韩国发明了印刷术。事实上，很多中外学者都认为，这卷《陀罗尼经咒》本来就是中国印造的，江教授认为，这很有可能是庆州佛国寺建成时，中国的贺礼。

关于活字印刷术，北宋沈括《梦溪笔谈》中关于布衣毕昇发明泥活字的记载，是世界上关于活字印刷术的最早记载，早已被举世公认。元代王祯创制了第一套木活字印制了《旌德县志》，1773 年乾隆帝下令刻了一套共 253500 个字的木活字，印刷了《武英殿聚珍版丛书》138 种 2300 多卷。清朝还造过 25 万枚铜活字，1728 年印刷了《古今图书集成》。江教授认为，即使韩国用金属活字的时间可能比中国早，也不可能将活字印刷术的发明权从中国夺走。

江教授还提出了一个大家一直没有重视的问题，就是自毕昇发明活字印刷术算起这一千多年间，中国的绝大部分书籍为何仍然是雕版印刷的。他分析的原因是活字印刷在古代中国没有成功地商业化。古登堡 1439 年发明活字印刷术，很快进入实用性商业化运作，江教授认为最根本的原因是，一套西文活字，包括大小写、数字和常用符号，不会超过一百个，但是古代常用汉字需要数万个。一套实用汉字活字，至少需要 20 万枚。巨大的前期投资成本，不是一般商人可以承受的。

我们讨论这个话题，小吴也是为了说明，他坚持做这门手艺的意义。他说："我在老家有房有车，我不是为了赚很多钱，只想广而告之，让大家了解这门传统手艺的珍贵。"

摄影师告诉我，他对镜头有拘束感，一离开镜头就轻松，一对着镜头就紧张，说他适合"佛系生活"。所谓"佛系生活"，是现在年轻人流行的"慢"时尚生活方式之一。其实，小吴还真有佛缘的。他在小学五年级时，曾经在寺庙里也拜了师学诵经。

AVIATION
SINCE 1949

“有人说,你干嘛那么吃力坚持手工做这个?机器刻刻又看不出来的。我是不肯的。”小吴很坚定。

有个女孩走过我们桌边和他打招呼,看着我问他:“是你妈妈?”

我也笑了,算起来我的孩子比他小两岁,也差不多。

又有一群人进来和他打招呼,我看出来他们中午有约。接我的车已经在外面,我站起来准备走,我让他赶紧去聚会,不要管我了。他坚持要送我出去。外面仍然下着雨,幸亏一早他发信息让我带伞。他坚持送我上车,替我关上车门,挥手和我道别。

第二十二章 弦上春秋

人生中总有很多缘分与巧合，是无法预知的。今天的安排，其实年前几个月就有约了，但是我一直忙，就拖了下来。昨天匆忙定下今天去民乐厂和总经理见面，才发现——咦，前些天不是刚来过梵门桥弄？下午从浦庄回来，古筝老师吕瑾（就是她热情相约这次见面事宜）邀请我们一定去她家老宅看看。原来就是前几天我去五爱巷路过时拍摄的那个挂着民乐巨匠牌子的屋子！她的父亲吕伟康先生发明的代替低音贝斯的拉阮，在中国民乐史上确实具有特别意义。走出五爱巷，天黑了，华灯初上，又路过吴趋坊那家网红馄饨店，吃了一碗泡泡馄饨。据说明星刘嘉玲小时候就住在这里，常常来吃泡泡馄饨，去年回苏州，又来吃了一次，所以小店成了网红店，生意好得很。

上一段是 2018 年 3 月 17 日我发的朋友圈文字。

因为采访漆雕艺人林怡的女儿陆曦，我来到梵门桥弄苏州民族乐器一厂的院子。那天我想起了很多年前，我曾经在这里买过一支箫。还是曾经的老同事顾昌其老师介绍我过来买的，记得当时的价格才 100 元。他告诉我民族乐器一厂的笛、箫、二胡是最好的。采访离开，林怡给我留下了深刻印象，虽然她的工作室只是租赁在这里，但是我以为，在这个偌大的空间里，她是一个最有灵性的存在。

摄影师小顾，因为随我拍摄，也对这个厂区产生了浓厚的兴趣，于是后来又约上她的老师、我们的前同事吴老师，一起来这里拍摄。这个厂的前身，曾经做过苏州最早的西洋乐器大提琴、小提琴。公私合营前的西洋乐器厂老板，就是吴老师的父亲。西洋乐器厂和民族乐器二厂、三厂，都合并进了民族乐器一厂。小顾一再对我说："这里拍照好得不得了！"我前两次去都没有看厂房，第三次去，认真看了一遍生产流程，手机随手拍的一些图片，把自己也震到了。这个厂区的岁月沧桑和光影效果的确太惊人了。不要说摄影师了，连我都后悔没有带相机来。这里的每一个人、每一个角落都是经典画面，傻子也会取景啊。吴老师听了说："哈哈哈，那我和小顾就是大傻和二傻。"

中国乐器制作可考的历史已达3000多年，公元前207年，即夏、商、周时期，已有乐器80多种。孔子《诗经》记载过25种，有笙、笛、琴、瑟、管、钟、鼓等。春秋时《管子》一书中记载了三分损益、五度相生的律制。汉唐时代，又增加了一些少数民族乐器和外国传入的乐器，如琵琶、铙钹、锣、筝等。听过南郭先生"滥竽充数"的故事，也知道孔老夫子慨叹"礼崩乐坏"的无奈。清代中叶，苏州成为江浙一带乐器主要产地，苏州乐器店于清嘉庆二年（1798年）成立了行会。1951年苏州成立乐器

同业工会和乐器联销处。1954 年,政府把分散在民间的民族乐器制作艺人组织起来,成立苏州乐器生产合作社,1956 年成立苏州乐器厂。改革开放后,民族乐器厂由原来的大集体企业改制成股份制。2015 年,这个厂的经营权卖给了现在的小张、小易夫妇,法人代表是妻子小易。

说起这对夫妻,也是十分有趣。古筝老师吕瑾的父亲吕伟康,在民乐厂工作了一辈子,很多年前就对吕瑾老师说过:“小张这个小赤佬今后有出息的。”不过,当年小张说有朝一日自己要买下民乐厂,所有的人都当笑话听,包括说小张有出息的吕伟康老先生。那么,吕老先生怎么会认识小张,小张怎么又会产生购买民乐厂的念头的呢?

这对夫妻来自苏北。小张一开始在建筑工地打工,一天只能挣 18 元钱。他觉得这样不行,就去骑三轮车,还是觉得不行,就去卖菜。小张就是在卖菜的时候,认识同在卖菜的苏北老乡小易的。卖菜很辛苦,每天半夜就要起来去批发市场,小张怕自己起不来耽误事,就把呼机交给小易,让她每天叫他起床。就是卖菜,小张也很动脑筋,他每次都先去抢数量少质量好的菜,抢多了,有时候也能再转手出去,最后去批数量多的菜,这样,就可以用比其他人低的价钱买下同样的菜。这一出一进，每斤菜就可以比其他人多赚 7 毛钱。卖了一年的菜，他挣到了七八万元钱。小张的表哥表嫂在民族乐器厂工作，那时候小张很想进厂做工人，但是一直进不来。2000 年他开了一个小厂，专门做装乐器的盒子。有一次，他坐火车去上海进漆布，扛着一卷漆布到火车站，被查到，关了 24 小时。他不知道漆布是危险物品，不可以带上火车的。2003 年，他们在浦庄买下了一个厂房，继续做乐器盒子。2007 年开始做红木生意，为民乐厂提供乐器材料。2007—2008 年，箱包厂生意不好，亏了 80 万。但是红木生意做得很好。2009 年，他们在浦庄买了一个更大的厂房，专门做乐器材料。民族乐器厂从大集体企业改制成股份制，当时股东有 8 个人，厂里的生产销售一直不是很好。2009 年时，小张就对当时的董事长说："你要是真的做不下去了，就卖给我。"

2015 年 11 月 18 日，是小易永远不会忘记的日子，这一天，他们夫妻正式买下了民乐厂的经营权，8 位股东，成功变更为小张小易 2 位股东，小易任法人代表。这一天，小易跟着原来厂里的老总看库房，办交接，一圈走下来，小易回到办公室，趴在桌子上两个小时没说一句话。她的心里沮丧到了极点，她没想到，这个厂竟然那么破！这个厂曾经那么辉煌，生产的二

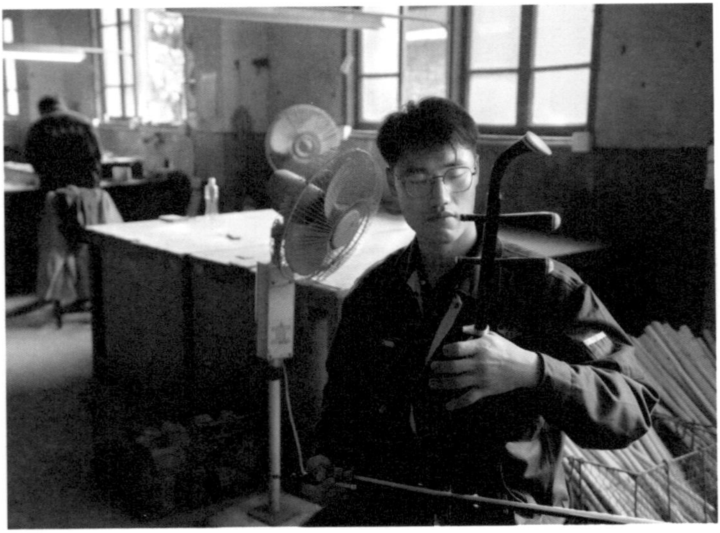

2018 年 4 月摄于梵门桥弄苏州民族乐器厂

图为堂姐弟易慧银和易永才。易永才，盐城响水人，1992 年出生。我问小易："你的亲戚？"果然是她的堂弟。这位"九〇后"小伙子高高瘦瘦、文文静静的，数控专业大专毕业，怎么来做二胡了呢？

胡 1961 年就获得全国评比一等奖，阮、笙、箜篌、古筝、苏锣、苏鼓、苏笛、苏箫等产品，均荣获轻工部优质产品奖。拉阮、革胡、箜篌、42 簧键盘排笙、加键笛、加键箫、调音高胡、调音二胡、高中低音系列阮等创新研制恢复的民族乐器，当时在全国均为首创。接手后，小张和小易，这两位外行迅速转换角色，首先投资 30 多万元建了一座民族乐器博物馆。生产量翻番，技术创新，运用各种销售模式，进行品牌提升。他们雄心勃勃，规划在三年内产销达 2.3 个亿，抢占市场份额的 20%，成为全国民族乐器制造行业的老大。

我在小易的陪同下，参观了他们的原料仓库，整整齐齐，密密麻麻。做乐器的木料是需要时间静置的。比如，二胡的料子，放三年最好，琴筒做好了还要放上三个月到半年。所以，从某种意义上来说，原料库存可以说明他们可持续发展的把握与决心。他们接手这个厂后，也接管了十多位下岗工人的工资、社保，以及 20 多位精简人员的养老，他们都已经八九十岁了。每年的 12 月 24 日，是 1954 年的开厂纪念日，他们都要请所有老员工聚餐。小张说："前辈们为中国民族乐器的发展做出了贡献，他们那代人创造了奇迹，辉煌时代是他们创造的。我现在抵押了别墅，已经付出了我人生的所有，我把我的木材全都运

2018 年 4 月摄于梵门桥弄苏州民族乐器厂

冬梅生性淳朴，不善言辞。我问她有没有带徒弟，她说做丝弦比较繁琐，也有人跟她学过，但是没有坚持下来。现在她一个人做翻、缠两道工序，其他工序，还需要她师父在另外的场地操作完成。我在车间里看见她干活的情景，簸子不停地滚动，一个人很忙。

到这里来了。我的理想是建一个园林式的民乐厂，建一个最大的民族乐器博物馆，还要建一个小型音乐厅，一个培养工匠的学堂。我要用一生的精力为民族乐器做贡献，借助中央音乐学院的力量，培养有天赋的孩子。我会用数据和录影来证明。”

我其实特别关注的还是他们厂里的手艺人。所有的一切，少不了制作者这个关键的因素。我要求见见他们厂里一线工作的“八○后”“九○后”年轻人。小易说：“我也是‘八○后’啊，1981年的，你也可以写写我啊！”呵呵，好的，所以我写了以上这些内容。

民乐厂现有员工80多人，还在招收新员工，2018年，刚招了6个“八○后”漆工。总体来说，年轻人还是少。

张冬梅，1983年生，安徽合肥人。她在厂里做丝弦，已经工作10年了。她的父亲就是这个厂开料的，在她10岁时就来苏州了，老人在这里整整工作了26年，2018年退休了。冬梅在孩子可以放手后，就慕名来到厂里，学习做丝弦。

在钢丝弦发明之前，所有的琴弦都是用生丝做的。几十根、上百根甚至上千根丝才能做成一根丝弦。1962年前后，最细的越剧胡琴弦是60根丝做的，最粗的大胡琴弦要用2400根丝。做丝弦的第一道工序是翻丝，就是把进厂的成绞状的的丝，翻到一只只篗子上。翻丝之后就是并丝、打线、上胶、晒干。古琴丝弦还要加一道工序缠弦,就是在弦线外面以纱包线的方法再包上一层丝弦,使其发声更加洪亮绵延。冬梅做的就是翻丝和缠弦这两道工序。目前,丝弦的应用很广泛,除了一般的弹拨民族乐器,古琴、马头琴、二弦(泉州南音琵琶)等,甚至在火箭等航天工业领域上,都要用到丝弦。丝弦需要名家来驾驭,一般的弹奏者,还是用钢丝弦比较容易把握。古琴弦一套 300 多元,成本还是比较高的。目前民乐厂一年生产丝弦大约消耗生丝 1 吨左右。

冬梅生性淳朴,不善言辞。我问她有没有带徒弟,她说做丝弦比较繁琐,也有人跟她学过,但是没有坚持下来。现在她一个人做翻、缠两道工序,其他工序,还需要她师父在另外的场地操作完成。我在车间里看见她干活的情景,篗子不停地滚动,一个人很忙。我不忍心多耽误她时间,就让她回去干活了。

易永才,盐城响水人,1992 年出生。我一听他的姓,就笑了。问小易,是不是她的亲戚?果然是她的堂弟。这位“九〇后”小伙子高高瘦瘦、文文静静的,数控专业大专毕业,怎么来做二胡了呢?原来他在工厂上班,搞编程,觉得枯燥乏味。在堂姐的动员下,2016 年 5 月来到苏州学做二胡。现在厂里每个月要生产1000把二胡,需要更多懂技术的一线员工。他从最基础的白木做起。永才觉得,这份工作很有韵味,一件乐器,不仅是手艺人的心得,也有拉琴、弹琴人的期望在里面。他的师父70多岁了,是退休留用的。一辈子在厂里,舍不得离开。永才觉得,师父身上有一种说不出的劲儿。厂里对带徒弟也制定了相应的激励机制,带一个徒弟,奖励1万元,带5个徒弟就奖励5万元。

永才说,师父毫无保留地教,对自己提出的问题都很耐心地解释。二胡制作,从琴杆到琴轴再到琴托,尺寸、直径、精雕、打磨,除了蒙皮,永才已经学会了一把琴制作的最基础的东西。当初一上手觉得很难,因为以前从来没有接触过,做出来的三分之一都报废了。到两个月时,才慢慢找到感觉。师父盯得很紧,现在对他干的活还算满意。做这门手艺,身体素质要好,接触的木屑粉尘很多,长时间弯腰、低头,腰、背、脖子都会很累。不过永才说自己能坚持。"我要把自己的手艺提升得更精致,制作得更细心,更适合使用。我要把这门技艺传播出去。"永才很坚定。

很好,年轻的"九〇后",加油。

第二十三章 云想衣裳花想容

旗袍，上个世纪20年代初开始盛行的女性服饰，起源于满清旗人的袍服。苏州平江路上，有无数家卖旗袍的店铺，金毅的这家万晓利，昨天才刚刚整理好，货还没铺满。他的老店在牛角浜还开着，工作室和工厂前些天才刚刚从桃花坞产业园搬到园区。

1986年出生的金毅，是苏州浒关人。见到他的第一面，我就问："你这个年龄的小伙子，为什么从事旗袍这个专业？家里有人做裁缝的么？"

他笑着回答我说："喜欢呀！我的网名就叫——爱上旗袍的混蛋。呵呵。"

他家人不是做裁缝的，他大学专业是建筑设计土木工程。如果一定要说点家庭渊源，那就是父亲以前是做手工围巾的。浒关通安一带，很多年前都是丝巾工厂。另外，他的太太是常州评弹团的，演出服就是旗袍，平时生活中也喜欢穿旗袍。大学毕业后，金毅在一家国营建筑公司工作了两年。他感觉，工作不像学习这个专业时想的那样，所以决定辞职。

做工作室的头两年，他完全是没有休息天的，一年三百六十日，只有大年夜休息了一天。他在网上搜图找资料，发现自己的知识不能支撑旗袍文化整个体系，总觉得缺口气。

乡下老裁缝，真正会做旗袍的几乎没有了。他就开始收集旧旗袍。从上海开始，一件、两件……渐渐地，全国这个圈子里的人都知道他了，有好的都会告诉他。几年下来，他已经收藏了500多件旧旗袍了。2017年，他收到了一件上海大户人家的银丝镂空面料旗袍。除了滚边和纽扣，这件无袖长款旗袍，就是一件银子打造的衣服。看见它的第一眼，他就伸手到自己口袋里去摸银行卡，当时他带了一张存有35万元的卡，他认为，拿下这件旗袍非己莫属，这应该是自己收藏生涯的顶峰了，他担心钱不够。没想到，对方开价也就10万。他故作淡定地还价，最后9万元成交。他说，除非以后有缘见到金缕旗袍，否则，从今以后就收手不收旗袍啦，足够了。

金毅说："2016年之前，我对旗袍这个行业非常看好。2016年之后，行业开始下滑。我们对旗袍的认知，无非就是宋美龄、月份牌、旗袍会这些关键词。现在行业的味道有些变了，主要还是缘于对旗袍文化的不了解。民国旗袍，是把旗袍穿出日常的时尚感；现代旗袍，是把旗袍穿出民族风和复古情怀。"

我请他用简单的一句话形式，概括一下各个年代旗袍的特点。

1920年代：开衩偏低（一般到小腿），宽大。

2018 年 11 月摄于浒关

见到金毅的第一面，我就问："你这个年龄的小伙子，为什么从事旗袍这个专业？家里有人做裁缝的么？"他笑着回答我说："喜欢呀！我的网名就叫——爱上旗袍的混蛋。呵呵。有很多人，会坐火车乘飞机，跑到苏州来找我，对我说喜欢旗袍，想学习制作旗袍。我对她们说，喜欢可以，很好。但是当你作为一项工作来做时，那是很枯燥的。"

1930 年代：开衩偏上（旗袍黄金十年）。

1940 年代：出现拉链（实物有质量很好的、标注 USA 的银白铜拉链），1940 年代末，开始出现少许收省。

1950—1960 年代：开始出现西方立体裁剪，没有盘扣，流行极简风。这个时期，中国大陆旗袍已慢慢消失，但是香港、台湾地区以及东南亚等地还在持续发展，从来没有间断，时代发展链条完整。电影《花样年华》说的是 1960 年代的香港，可能一般观众没有注意，戏里的旗袍全都是无扣的。

1970—1980 年代：中国改革开放，旗袍重新出现，都是立体裁剪方式了。但是，那个时候，人们对旗袍的印象，就是迎宾小姐。那时面料一般都是化纤仿真丝的，样式也比较俗气雷同，做工都比较粗糙。金毅笑着说："现如今，如果哪个人评价穿着旗袍的你像个迎宾小姐，你懂的，那是在骂你，不是在夸你。"

1990 年代：陆续有人将旗袍作为日常服装了，那时候都会请裁缝做，手工的，单层的，一般不做夹里。

2000 年以后，旗袍会也出现了。慢慢开始走向争奇斗艳，出现比赛了。

金毅说，在网上看到一个"九〇后"群体，只认可平面裁剪，不认可立体裁剪。他认为，这也是缘于对旗袍文化的认识不完整。一味地追求复古、平面裁剪，是不对的。民国旗袍的盘扣、绣花、滚边再好，也不能喧宾夺主。一件旗袍给人的印象，一定是整体的。有顾客常会顾虑面料、花型、样式老气，他都会告诉她们，没有老气的衣服，只有老气的人。

“目前，全国旗袍做得好的、大的企业，主要是在苏州。苏州、上海的旗袍生产还是有优势。只是，总体来说，苏州人不怎么穿旗袍，外地人穿得反而多。100年来，旗袍没有出过大品牌。100年后，依然出不了。因为旗袍文化是定制文化最直接的缩影。以前，传统的做法都是前店后坊，量体、裁剪、缝纫都是一个人完成，尺寸不能差分毫。顾客出高价定制，你得做到合身贴服，就好像第二层皮肤。如果不是，顾客心里就会感觉不舒服。还是因为定制文化的不成熟，买和卖的双方，都不够了解旗袍文化。

“比如，旗袍最难的是扣子。也许，七十岁的师傅做旗袍是为了生存，五十岁的师傅只是为了生活。生存和生活不是一回事。老师傅要用六七个小时，甚至一天一夜做扣条，就是不肯马虎。有的人花很少的时间，也能做完。这里面就是不一样的。

“旗袍要不要改良？一定要改良。不仅是从形制改良，而且要从面料设计改良。我已经研究了一年的面料，感觉很累。

下面还要研究桑蚕。2018 年,我打算出一本《旗袍简史》。朋友说,500 多件收藏,是一种缘分,更是一份责任。我所有的时间都花在了旗袍上,今后要把精力多花在推广旗袍文化上。讲课、培训、制作。有很多人,会坐火车乘飞机,跑到苏州来找我,和我交流。她们都说喜欢旗袍,想学习制作旗袍。我对她们说,喜欢可以,很好。但是当你作为一项工作来做时,那是很枯燥的。”

第二十四章

枝头闲挂小筠笼

八十多岁的苏派鸟笼非物质遗产传承人颜虎金老先生，送给我一张发黄的旧报纸，那是一张 2013 年 8 月 18 日的《姑苏晚报》，报道的题目是《留美姑娘拜师苏派鸟笼泰斗》，说的是当年 8 月 17 日上午的一个拜师仪式。文章中的“留美姑娘”，就是我今天要写的孔亦铭。1991 年出生的小铭是苏州临湖镇人，2009 年从木渎中学毕业后，以优异成绩就读于美国华盛顿州立大学，学习应用数学（精算科学方向）专业，2012 年底获得学士学位后，她迫不及待地回来了。

因为父亲是做红木家具生意的，小铭从小喜欢红木小件，但是，当时她并不了解鸟笼。回国后，她也曾被知名企业看中，对方开出了优厚的条件。机缘巧合的是，小铭父亲的一位好友，业余痴迷做鸟笼多年，他介绍小铭父亲认识了颜师傅，小铭父亲一下子也迷上了这门手艺。小铭父亲带女儿去颜师傅家，希望女儿考虑一下是否能学一学这门手艺。小铭在与颜师傅交谈后，毅然决定向这位苏派鸟笼一代宗师拜师学艺。

人类制服并驯养动物，最初是为了生存的需要。而后来的豢养并观赏动物，则是因为精神与情感的需要。鸟笼始于何时，史书上没有确切记载，可以肯定的一点是，鸟笼从单纯养鸟的器具，演变成观赏品，则是在唐宋以后。元代陶宗仪在《南村辍耕录》中记载："詹成者，高宗朝匠人，雕刻精妙无比，曾见所造鸟笼，四面花版，皆于竹片上刻成宫室、人物、山水、花木、禽鸟，纤悉俱备，其细若缕，而且玲珑活动。求之二百余年来，无复此一人矣。"由此可见当时鸟笼制作技艺的精致程度。在中国，鸟笼制作技艺分南北两派。北笼多为圆形，如靛颏笼、百灵笼、画眉笼等，以京津及山东等地为代表；南笼多为方形，如绣眼笼、黄腾笼、画眉笼、芙蓉笼等，以苏州为中心，遍及江浙沪皖。苏派鸟笼是南笼中的佼佼者。

南派鸟笼的特点是：形如官印，笼门暗锁，无榫扎角。

形如官印：看似正方，其实直中有曲，纵向比横向略高；底略大于顶，形如一方官印，所以称官印笼。

笼门暗锁：笼门关上，不见笼丝露头；开启将笼丝靠笼顶处轻轻按压，可向上推开笼门。

无榫扎角：四角没有接榫，不用胶粘，更不用钉子，只靠扎线工艺扎紧，且不露线头，成为绝技。

此外，作为南派鸟笼的佼佼者，苏派鸟笼还有一些鲜明的特色，比如非常重装饰，工艺上除了素笼（无雕花），雕花笼广泛运用留青雕、镂雕、圆雕等手法，笼门、四柱、横档、笼顶、插屏等位置都可进行雕刻镶嵌。材料上笼身以楠竹为主，兼用紫檀木、

红木、黄花梨及牙料，金银丝、象牙、玳瑁、螺钿等都是常用的镶嵌装饰材料。此外，还要煎竹笼。用中草药、矿物原料对竹子进行煎煮染色。这样处理过后，颜色古雅，既能增加竹子的韧性，又不易霉变。

苏派鸟笼一般按对出品。一只板顶笼，一只亮顶笼。板顶笼的顶部有一块不可脱卸的顶板，一般用来养不熟的鸟，防止新养的鸟养成抬头看的坏习惯。顶板中央安装名为“提笼”的把手。亮顶笼一般由 4 根小档、13 根笼丝组成，中间留有可以安装笼钩的孔位。通过两处暗销可以完成笼顶与笼身的脱卸闭合。亮顶笼中有一经典款式冰梅顶，取材于清代瓷器中的冰梅纹，以竹节与梅花通过榫卯结构排列构成，工艺精巧。失传多年后，由颜虎金师傅凭借两张旧照片，成功复制。

小铭给我看她做了一半的框架，立柱四角扎了线，底档雕了莲藕，寓意清雅。我问小铭：“你雕的么？”

小铭点点头，这位海归“九〇后”姑娘，不施粉黛，戴一副深色框眼镜，小小的个子，朴实无华。

我问颜师傅：“您觉得她有灵气吗？”

颜师傅说：“灵气么当然有的喽！我一开始就对铭铭讲的，手艺这个东西，你只能当文化来做，不能急功近利，要慢慢磨练，不能马上奔着赚钱的。”

仔细观察，老爷子十个手指头指甲缝里都是煎竹药水的颜色，抬头看看他和颜悦色笑眯眯的样子，觉得小铭真的遇到了一位好师父。

颜师傅30多年前曾走进浙江、安徽的大山选竹子，结识山里淳朴贫困人家，发誓要教会他们做鸟笼，以此脱贫致富。授人以鱼不如授人以渔。由此他带出了一批人，号称徒子徒孙两三百人之多，但是真正的入室弟子其实只有三位，前两位都已人到中年，就是他带出来的山里孩子，16岁跟师父来到苏州，现在都已经在苏州安家落户，以此为生了。只有小铭是个“九〇后”女孩子，颜师傅肯定是愿意毫无保留地教她的。

虽说小铭家境优裕，不用太为生计发愁，但她的学艺心路还是比较复杂曲折的。作为精算师，她完全可以在企业找到工资很高的工作，事实上她也找到了。但是，她认为，那不是她要的生活。从对鸟笼一无所知，到决定学这门手艺，她也是心甘情愿，满心欢喜的。她一开始跟师父学的就是紫檀木收藏级的鸟笼，起点比较高，也曾卖掉过七八只，贵的也要1万元一只。2014年4月到2016年，她还在文庙开过工作室，师父也过去指导过，老爷子有段时间也呆在文庙工作室。

2018 年 8 月摄于师父颜虎金工作室

小铭给我看她做了一半的框架，立柱四角扎了线，底档雕了莲藕，寓意清雅。这位海归“九〇后”姑娘，不施粉黛，戴一副深色框眼镜，小小的个子，朴实无华。我问颜师傅：“您觉得她有灵气吗？”颜师傅说：“灵气么当然有的喽！我一开始就对铭铭讲的，手艺这个东西，你只能当文化来做，不能急功近利，慢慢磨练，不能马上奔着赚钱的。”

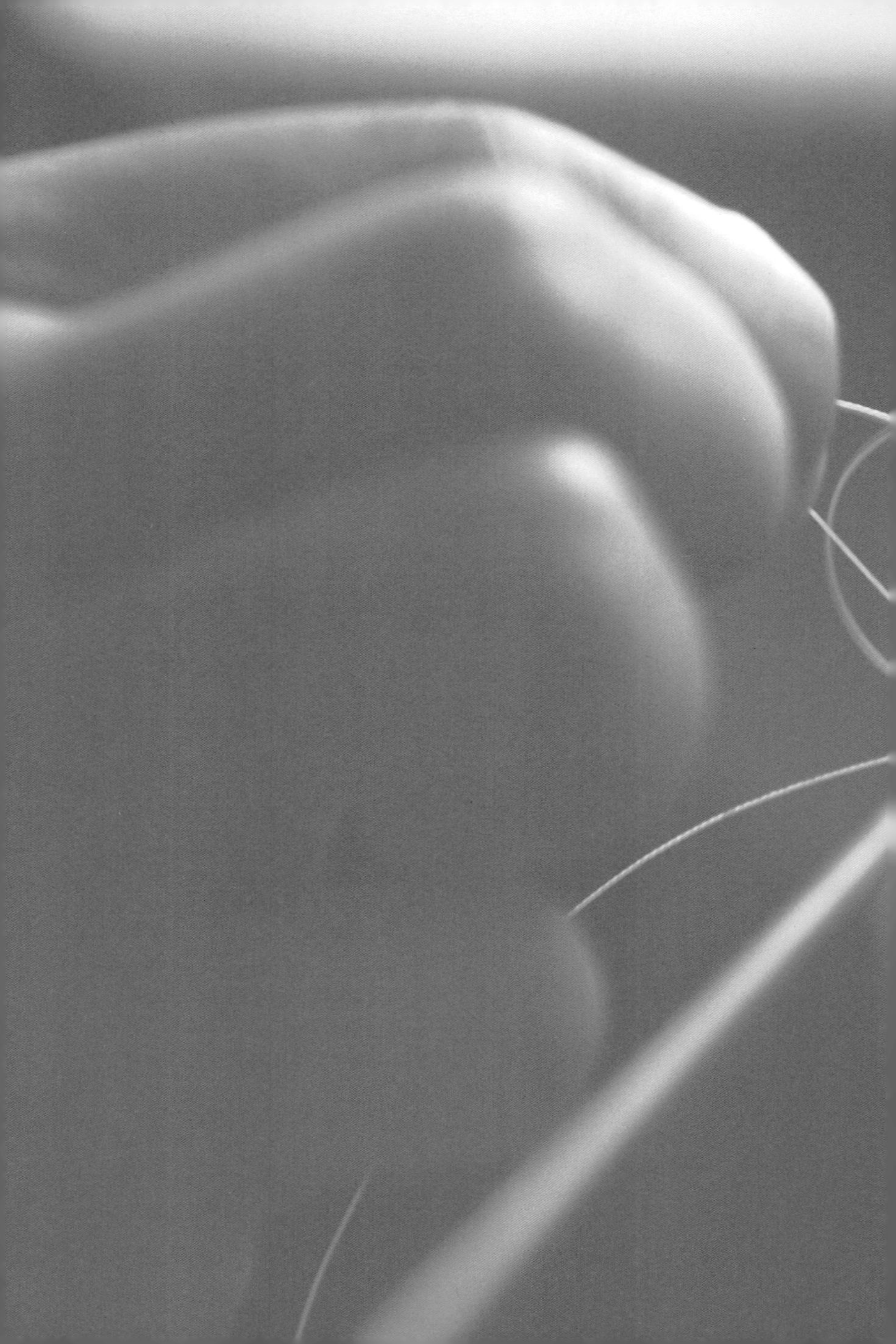

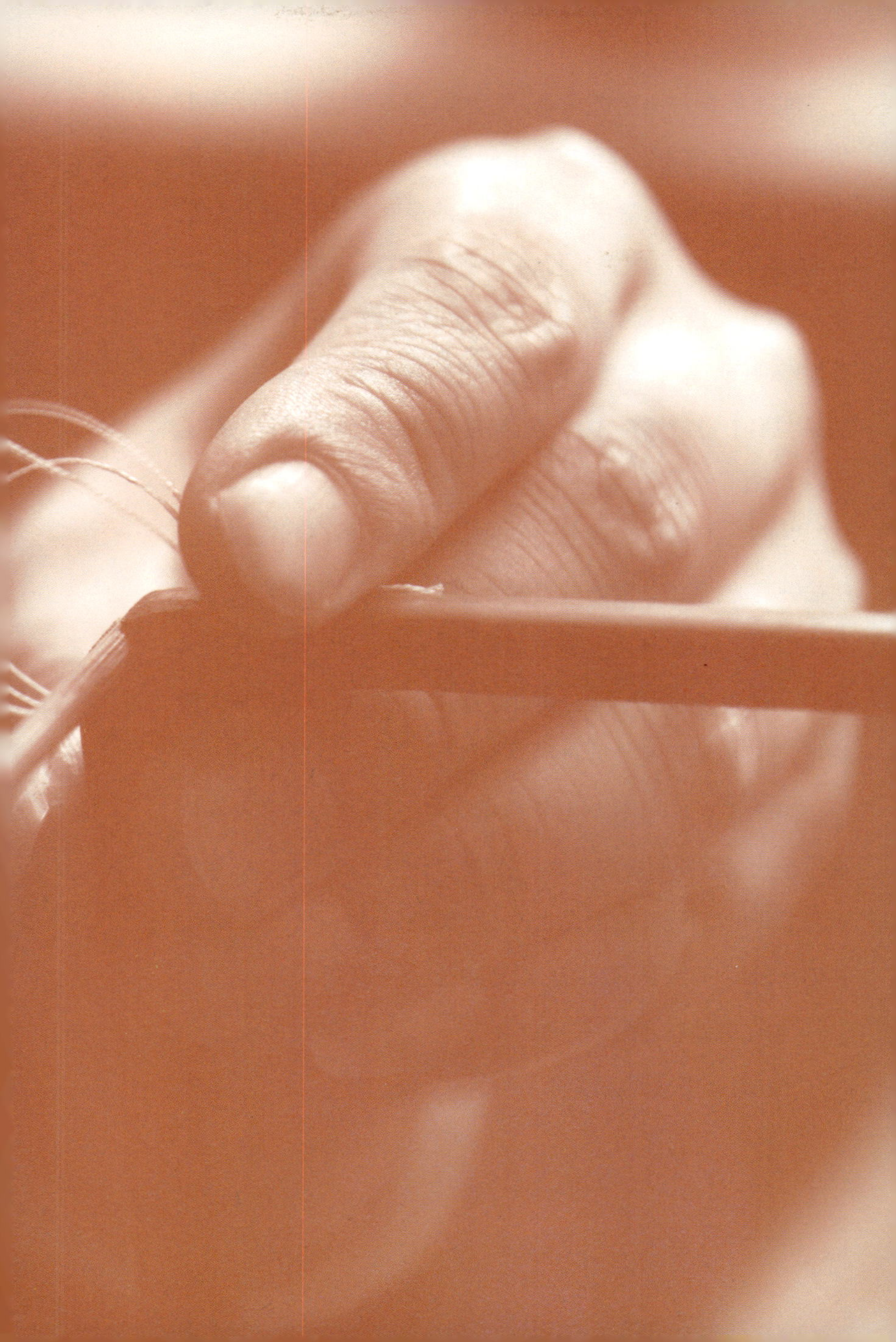

颜师傅说："小小的鸟笼，镶金银，嵌八宝，雕刻五千年中华文明史，历史文化都可以在上面展示。因为面积比较大，唐诗宋词，青铜器纹，啥都可以刻。老的小叶紫檀料，往往是空心的，能用的料很少，所以价格特别贵，两百元一吨，千把元一斤，一只鸟笼成本就要三千。一对笼子，要做三五个月，平雕、双面雕、圆雕、镂空雕都会用到，是满工，笼丝都用的单根绞丝。那只'唐伯虎点秋香'的板笼，光是金银镶嵌师那里我就跑了五六十趟。

"过去，江南文人、读书人养的鸟，都雅气，秀气。民国有位叫徐钟鸣的，他做的紫铜鸟笼钩子，落款一个钟字，后来又落款女儿的名字铁痴，再后来被人买断，就不落款了。他曾在一只钩子上刻了300多个字，拍卖价达到几十万。杭州有家私人博物馆，专门收藏这些宝贝的。"

2017年6月，小铭暂时不再做鸟笼，而是在木渎开了家奶茶店。我当然要问她为什么。她说："我想先放一放。我觉得工艺上我可以再提高，但是我的人生阅历还是有点欠缺。传承和创新，必须有创新的想法。没想法，也是不行的。"

"你还会做鸟笼吗？"

"会的，我终究还会做的。"

我觉得小铭这姑娘很靠谱，我相信她一定不会放弃这门手艺的。

结语　一切皆有可能

2018年1月12日,吴中区青年手艺人协会年会。

一众人发言时,我看见春毅来了。他坐在了最后一排,一直在玩手机。过一段时候,他打开背后的玻璃门离开了。

我问:“躲酒啊?”

他说:“主要陪老婆孩子,酒我喜欢喝的。”然后发过来一段视频,豁着门牙的儿子坐在车里说:“爸爸,你去又要喝酒啦?你已经好久没喝酒啦!”他问:“真的吗?”儿子说:“是啊!你在干什么?”他说:“我在拍你!”

春毅在笑:“都是浮云啦,和他们吃饭无聊,和家人一起火锅还更好呢。哈哈,改天您过来看看我的作品。喝酒看和谁喝,和他们喝,浪费肝的解酒功能。我陪孩子吃顿晚饭,买点玩具,那个幸福啊,比瞎喝酒好多。”

孩子小时,自然应该多陪,珍惜和他在一起的分分秒秒。长大了,你想陪他都不要了。人清楚自己在做什么,就不会浪费生命。我告诉他这么多年悟出的道理:“人群中,你不能像水面上的油,而要做水中的水。混在人堆里,不必炫耀,只要让自己满意。”

春毅说:“我还是要跟师父闭关修炼。我先守关。我一直在学习。每个人选择不同的方式进阶。”

我点点头："修行不必刻意。看破不点破。不要轻易看不起任何人，这也是一种修行。"

"有道理。改天来乡下指导一下我，来我这里吃个农家乐再写书啊。"小伙子又笑了。

这本书写了三十多位"八〇后""九〇后"，一边采访一边写，一边码字一边思考。人们常说，三十而立，四十不惑。这些20多岁、30多岁的年轻手艺人的所思所想、所做作为，不知道读者诸君看清楚了没有？他们立了没有？是否还在惑之中？

英雄不问出处，人没有高低贵贱之分。各路神仙，自有活法。博采众长，融会贯通，才会成为武林高手、江湖盟主。和民间艺人相处几十年，我悟出了一个道理，只有像麦穗一样低下头颅，认真倾听大地的声音，才能真正体会风吹麦浪的美丽。我的审美最高标准是质朴稚拙的境界。

《庄子》中记载了很多匠人，这些匠人不是纯粹的手艺人，而更接近于成道者。庄子以匠人为主人公，讲了很多故事，阐明了很多道理。生活中，能做一个庄子所谓的匠人，用匠人的心态过好每一天，就能体会到幸福。人的心越能虚空、虚静，就越接近大道。一个匠人做事，或者我们在生活中做事，最终的境界就是要学会忘却和放下。最重要的是要忘我。忘我能够以虚静的状态与物、与所要做的事情融为一体,精诚专一,无往不胜。“平易恬淡则忧患不能入,邪气不能袭,故其德全而神不亏”就是指要遵循本性,控制欲望,看破虚名,保持内心清静。

老子《道德经》:“知足不辱,知止不殆”,说的也是这个道理。

如果一个人能够专注于某件事,身心就会处于一种十分和谐的安稳中,会带来一种超然舒缓的喜悦感。减少杂念,让心灵真正沉静下来,做些有价值的事情。如此,才能获得真正的快乐。

所谓的寻找快乐,就是一个不断放下自我的过程。人生是一场漫长的修行,无论你选择何种道路及途径,本质上都是殊途同归。想明白了,再去做,无论是手艺,还是其他事,人同此心,情同此理。

2017年春节前夕,中共中央办公厅、国务院办公厅印发了《关于实施中华优秀传统文化传承发展工程的意见》。实施一年多来,社会各个相关部门为其落实,做出了种种努力。最令人欣慰的一点,是强调优秀传统文化必须要全方位融入国民教育各个领域、各个环节,与人民生产生活深度融合。教育部长陈宝生在接受媒体采访时，给出了优秀传统文化进校园的三条路径：一是覆盖教育的各个学段，从小学到大学，这是固本工程；二是融汇到教材体系中去，这是铸魂工程；三是贯穿在人才培养全过程，这是中国人打底色的工程。不久前，教育部颁布实施新修订的普通高中课程方案和课程标准，加强中华优秀传统文化教育和革命传统教育成为课标修订重点，强调要促进学生坚守中国文化立场，增强文化自信。

传统工艺振兴还有很长的路要走。苏州工艺美院在全省率先成立手工艺学院，专门培养青年工艺人才，开展定制培养，先后了开办了 5 年制玉雕班、雕刻班和苏绣班，定向招收光福、镇湖等乡土工艺人才集聚区的青年学生。

这让我想起，日本神奈川县横滨市都筑区有一家 34 人的小工厂秋山木工——是日本皇家指定家具特供厂家。从日本宫内厅、迎宾馆、国会议事堂到知名大饭店，再到普通家庭，都在使用他们的精良制作，他们生产的家具可以使用一两百年，年入 11 亿。为了把年轻学徒培养成一流家具工匠，“秋山木工”的创始人秋山利辉制定了一套长达 8 年的独特人才培养制度。在秋山利辉看来，如果人品达不到一流，无论掌握了多么高超的技术，也算不得是一流工匠。所以，他制定了一系列严苛的规矩。

秋山学校的“匠人须知 30 条”如下：

一流的匠人，人品比技术更重要。即，对一个人品格的重视，远高于对其的技术要求。

1. 进入作业场所前，必须先学会打招呼。

2. 进入作业场所前，必须先学会联络、报告、协商。

3. 进入作业场所前，必须先是一个开朗的人。

4. 进入作业场所前，必须成为不会让周围的人变焦躁的人。

5. 进入作业场所前，必须要能够正确听懂别人说的话。

6. 进入作业场所前，必须先是和蔼可亲、好相处的人。

7. 进入作业场所前，必须成为有责任心的人。

8. 进入作业场所前，必须成为能够好好响应的人。

9. 进入作业场所前，必须成为能为他人着想的人。

10. 进入作业场所前，必须成为“爱管闲事”的人。

11. 进入作业场所前，必须成为执着的人。

12. 进入作业场所前，必须成为有时间观念的人。

13. 进入作业场所前，必须成为随时准备好工具的人。

14. 进入作业场所前，必须成为很会打扫整理的人。

15. 进入作业场所前，必须成为明白自身立场的人。

16. 进入作业场所前，必须成为能够积极思考的人。

17. 进入作业场所前，必须成为懂得感恩的人。

18. 进入作业场所前，必须成为注重仪容的人。

19. 进入作业场所前，必须成为乐于助人的人。

20. 进入作业场所前，必须成为能够熟练使用工具的人。

21. 进入作业场所前，必须成为能够做好自我介绍的人。

22. 进入作业场所前，必须成为能够拥有“自慢”（指拥有值得骄傲的才能）的人。

23. 进入作业场所前，必须成为能够好好发表意见的人。

24. 进入作业场所前，必须成为勤写书信的人。

25. 进入作业场所前，必须成为乐意打扫厕所的人。

26. 进入作业场所前，必须成为善于打电话的人。

27. 进入作业场所前，必须成为吃饭速度快的人。

28. 进入作业场所前，必须成为花钱谨慎的人。

29. 进入作业场所前，必须成为“会打算盘”的人。

30. 进入作业场所前，必须成为能够撰写简要工作报告的人。

秋山利辉在他的著作《工匠精神》一书中阐述道：“如果

不能培养出让客户满意、属于21世纪的新工匠，就无法生存下去。20世纪的旧工匠迟早会消失。属于21世纪的新工匠，应该是懂得关心他人、知道感恩、能为别人着想的人，也就是拥有一流人品、'会好好做事'的匠人。由于'秋山木工'的工匠技术高、人品好，所以到处都非常受欢迎。到目前为止，已经有五十多位工匠，离开'秋山木工'出去自立了。他们作为家具工匠，活跃在日本全国各地，有的还在国外大展身手。

"只要反复练习，任何人都能掌握一门技术，但心性却无法通过这种方法提升。我之所以对似乎已过时的'学徒制'情有独钟，就是因为如此。我认为，只有经过集体生活，才能培养替人着想的品质，关心他人的心，以及感恩的情感。其中，最重要的是孝心，不孝顺的人也不能成为一流匠人。

"想成长为一流的匠人，首先必须放下自己微不足道的自尊心，将师父们所授予的知识顺从地全盘接受，不如此便无法获得成长。

"除了技术之外，同时必须提升自己的心性，学会感恩。没有诚实和感恩之心，人是无法获得成长的。我还告诫徒弟们，如果你们不愿意尽孝道，不能让父母过得快乐，那么将无法成为真正的一流匠人。

“每个人都拥有成为一流人才的潜质，但如果没有人反复提点和指引，成才的种子就不会发芽。

“‘秋山木工’的评价标准，是技术40%、品行60%。我想培养的，不是‘会做事’的工匠，而是‘会好好做事’的匠人。所谓‘会好好做事’，就是一心想要让客户满意，而且拥有在发生意外事件时，能够从容、自信解决问题的判断力，同时具备能与客户顺畅交流的沟通能力，针对家具和材质等问题，无论面对什么样的客户都能侃侃而谈、如数家珍。要培养这样‘会好好做事’的匠人，学徒制是最好的方式。

“我相信，有一流的心性，必有一流的技术。”

国情不同，“秋山木工”的模式，我国无法复制。我们目前看到的现状是：“八〇后”“九〇后”后这批年轻人，有发自内心，真心喜欢老手艺的，也有暂时以此为业，未来也许不一定会坚持的；有家族传承二代手艺人，也有完全没有基础，从零开始的初学者；有做手艺做了十几年的“老江湖”，也有才做了半年一年的新手；有家境比较殷实，可以耗得起时间精力进修学习的，也有家境贫寒，对未来的道路没有很大的选择余地的；有辞去稳定工作，毅然回家传承手艺的，也有徘徊在手艺的门边，犹疑着要不要最终跨入这个门槛的；有只想做手艺，其他最好不需要关心的，有手艺不精，营销推广却是把好手的……林林种种，形形色色。

总而言之，年轻手艺人，正因为年轻，一切皆有可能。至于究竟有怎样的可能，有多少种可能，当你们合上我这本书时，放眼去望，且行且看。

代跋　灵魂的慰藉

2017 年 12 月 18 日，一个温暖的冬夜，我去看望伤了脚的冯亚。冯亚是一位翡翠雕刻艺人，我的老朋友。关于冯亚的故事，我在之前一本书里写过。这个“呆萌”的手艺人，不会开汽车，平时开电瓶车。这次就是因为开电瓶车太快，刹车太猛，车翻了压在自己脚上。左脚脚背三根骨头，一根裂了，一根断了，一根碎了。如今动了手术，装了钢板，打了钢钉，上了石膏。还好，手艺人靠手吃饭，虽然不能到处走动，但是还能雕刻干活。只是，足不出户一个半月，吃住在工作室，快把他憋坏啦。当然，工作室每天都人来人往不断，有些人不是他喜欢的，也只能敷衍，逃不掉。他告诉我，每天他太太金老师下班后都来工作室伺候他吃好饭，洗漱好，要离开的时候，他心里都舍不得，觉得还要等到第二天下班的时候才能再见她，心里好难过。可是，家里还有孩子父母，她不得不回去啊。所以冯亚天天吵着要拆石膏。我对他说：“你要听话一点，伤筋动骨一百天呢！”

那年正月初六，我来南通为他的工作室揭幕，掐指一算，一年多快两年的时间没有见过他们夫妇了。听说我来南通开会，可以去看他，他激动了好几天。他一直说：“感恩缘分遇到姐姐，感恩姐一直以来的真诚相助，无以为报！努力再努力，也要多动动脑筋，好好思考姐说的话。”

他不会喝酒，却一定和要我“喝点小酒”，金老师海量，但是要送我回酒店，所以不能喝。我们喝的是南通白蒲镇的桂花酒，好喝不上头。吃好喝好，他拄着双拐，从保险箱里拿出两个丝绒托盘，全部是他的近期作品。他知道我最关心的就是他的创作，也特别愿意给我看，听我品评。

不胜酒力的冯亚，微醺而惬意：“怀老师啊，等我脚好了，一定要带你到我们如东去看看。我一直就想带你去看看。看看金老师的故乡栟茶，这小镇可有历史了，唐代就有了，因为两棵树成为一个镇的，一棵栟树也就是棕榈树，还有一棵茶树，所以叫栟茶呢。明代还有个南沙书院。还有我的家乡古枫，现在叫枫利了，因为过去长满了古枫树。”

我们聊起他转发的我微信朋友圈的那篇漫画家朱德庸的文章《比原谅别人更难的，是原谅自己》，我当时写下了这样一段话：“其实，朱德庸所说的他那个百分之九十的世界是真实存在的。阿斯伯格症也许是人类通向其他空间的一条门缝吧？”他说：“现在回想起来，我可能就是自闭症患者呢。”

“两岁的时候，妈妈在针织厂，爸爸在食品站，都要上班的，我没有人管，有个生产队的女会计，把我领回去，让我叫干娘，我不愿意啊。爸妈属于粗线条的人，不懂得怎么表达感情，可是我很敏感的，一直到三岁才开口，只会说一个字‘鸟’。

“四岁的一天晚上，我搬着小凳子，跟着大哥哥大姐姐去看露天电影，兄姐和一帮人发生口角，对方发怒，姐姐发出惊恐的尖叫，被对方一把推倒在地。我被拎起来扔出去，在空中飞了半圈才落地，摔得浑身难受，恐惧非常。

“五岁，妈妈来接我回去。我已经不认识母亲了。逃进牛棚里躲起来，被流着眼泪的妈妈追上捉住，硬放在自行车横梁上带走。跑到半路，我从横梁上跳下来往回跑，眼见妈妈连人带车摔倒了。

“妈妈来接我回去，是为了让我上学。我连幼儿园都没上过，五岁就直接让我上学。有一天，老师叫家长去学校，对妈妈说，这个孩子开智晚，比较笨，要笨鸟先飞。我听到了，就一直以为自己很笨，很多事要反反复复一遍一遍才能做好。总以为老师的话都是真的。

“爸爸成天喝酒，不见人影。我至今清楚地记得，妈妈总是半夜三更把我叫起来，去找灯亮的地方，让我扒着门缝看爸爸在不在里面，看见爸爸，就喊他回家。每次我都能看见屋子里人的各种醉态，吓得我打冷颤发抖。然后我们母子俩陪着东倒西歪的爸爸,高一脚低一脚地回家。印象最深的一次,是母亲三十岁生日,那天父亲仍然不见踪影,然后我们母子俩喝了一碗冷稀饭。

“五岁时,一个夏天的中午,我一个人在粮食站家属大院里闲逛,从这家走到那家,看见一家家门内,男男女女都在午睡,我感觉好无聊啊。就一个人跑去石灰坑看乌龟。那只乌龟不知几时爬下去,上不来了,有时候我会喂它点吃的。那天中午,小小的我,一个人坐着发呆,想,我不能这样无聊,我要做点了不起的事情。

“外婆的爸爸妈妈是教私塾的,我小时候见他们,已经很老很老了,他们会写诗词,我觉得,人就应该过那样的生活。

“我记得我身上的每一处伤痕,我还没有鸡高的时候,就被大公鸡抓破了左腿;我看见村子里的大狗吓人,撒腿就跑,摔到地上,右手臂不能动了,奶奶提议用土法医治,涂上草药,把手臂放在滚烫的水锅上蒸。我拼命挣扎,被父母强行按住,结果昏死过去。第二天,手臂上一大片水泡……”

“天啊,好多事我都不知道啊!”金老师在一旁惊叫。

“是的,今天不是因为说给怀老师听,很多事以前我从来没有对人讲过。因为太多感触,无处诉说,我开始写诗。因为读书早，15 岁高中一毕业，我就毅然跟着朋友去广州了。在那里，开始学习玉雕。一直到三十岁，眼睛出了问题，才回到家乡。到家，离得很远，就看见妈妈带着我妹妹蹒跚学步的孩子从家门口出来。我叫了一声妈，眼泪就下来了，几乎要跪下。可是，这次是母亲认不出我了。四十岁之前，我一直非常纠结，是否出家？我舍不得爱人啊，所以一直没有下决心。”

冯亚的左脚，套在妹妹做的棉袜套里，整个人沉浸在往事里。童年爱的缺失和由此引起的不安全感，给人的一生造成的伤害很深。但是，幸运的人，会被治愈。

我对冯亚说，你前世修得好，今生遇见了一个好女人，你是有福的。

这篇文字写完 10 天，冯亚发了两条朋友圈：

第一条是这样的：打小觉得学佛简单，心无旁骛入定心诚即可，谁知回首中的现今，却见佛众如林中竹，闭眼睁眼，人人心诚如磬钟，口中念完各种经典，合什一句，禅茶一味，漫不经心，弗如菩提树下个个皆是成就状，好不羡慕，那么难，怎么做到的不知。顿觉自家愚钝浑浊，不如退入俗世做回简单普通人，能做个乡野耕夫也要功夫。总之能做个安静安心的俗人也不错，也可以走走停停看看。

第二条是一个叫“鸭子”的人写的一首诗，题目叫《掉进时光的陷阱》：

柔和。石头。洇出绿血
切一颗，疼一下。他的手指

左手狂草，早年
右手广州夜，热带雨，街女
都站在他的画布上

又切开一颗，辗转腾冲
山小如石马，庙大如菩萨

最小的，他迟迟不敢切开
十年，不见飘逸的秀发
娘，矮了几寸。依着门框怯怯地问：
你找谁？

“绿灯行，绿灯行”他呢喃着

把那些美石，围成一颗心形。

我看了心惊，留了两句言：“诗句令人心酸，我懂。鸭子是哪位？”

他答复：“鸭子是一位南通诗友，我不孝，多年不回家，回到家门口看见母亲带着小外甥学步，我叫一声妈，膝盖一软，差点跪地，母亲却问我，你是谁？今天突然看到一首诗发到群里，一读泪就涌出来，一问果然是写的我……句句断肠。”

第二天，看见冯亚在朋友圈显摆一双穿着新棉鞋的脚，知道他吵了很久要拆的石膏，终于拆了。他告诉我：“昨天拆了，一拍片子居然是四根骨头断了，有一根当时未发现，所幸，奇迹般的长得很好。”唉，我简直无语。

我记下这天我们的谈话，只想说明一个问题，用心投入，老手艺是可以治愈人的。15岁的少年，离家去寻找诗和远方，他学会了一门手艺，这门手艺不仅养活了他自己，更慰藉了他的灵魂。

图书在版编目（CIP）数据

年轻手艺人 / 怀念著. -- 南京 : 江苏凤凰教育出版社, 2018.6

ISBN 978-7-5499-7475-7

Ⅰ. ①年… Ⅱ. ①怀… Ⅲ. ①手工业者—介绍—中国—现代 Ⅳ. ①K828.1

中国版本图书馆CIP数据核字(2018)第147883号

书　　名　年轻手艺人

著　　者　怀　念

摄　　影　顾　勤

策　　划　周　晨

责任编辑　陈彦理

书籍设计　周　晨

出版发行　江苏凤凰教育出版社（南京市湖南路1号A楼 邮编210009）

苏教网址　http://www.1088.com.cn

印　　刷　苏州市越洋印刷有限公司

开　　本　787×1092　1/32

印　　张　15.25

版　　次　2018年12月第1版

2018年12月第1次印刷

书　　号　ISBN 978-7-5499-7475-7

定　　价　80.00元

网店地址　http://jsfhjycbs.taobao.com

公 众 号　江苏凤凰教育出版社（微信号：jsfhjyfw）

邮购电话　025-85406265,85400774　短信02585420909

盗版举报　025-83658579